国家安全知识
简明读本

GUOJIA ANQUANZHISHI
JIANMING DUBEN

FOOD
SECURITY
粮食安全

钟文峰◎著

国际文化出版公司
·北京·

图书在版编目（CIP）数据

粮食安全／钟文峰著. － 北京：国际文化出版公司，
2017.3（2023.1重印）
（国家安全知识简明读本）
ISBN 978-7-5125-0930-6

Ⅰ．①粮… Ⅱ．①钟… Ⅲ．①粮食安全－研究－中国
Ⅳ．①F326.11

中国版本图书馆CIP数据核字（2017）第052414号

国家安全知识简明读本·粮食安全

作　　者	钟文峰
责任编辑	戴　婕
特约策划	马燕冰
出版发行	国际文化出版公司
经　　销	国文润华文化传媒（北京）有限责任公司
印　　刷	天津画中画印刷有限公司
开　　本	700毫米×1000毫米　　　16开
	9.5印张　　　　　　　　130千字
版　　次	2017年3月第1版
	2023年1月第3次印刷
书　　号	ISBN 978-7-5125-0930-6
定　　价	29.80元

国际文化出版公司
北京朝阳区东土城路乙9号　　　邮编：100013
总编室：（010）64271551　　　传真：（010）64271578
销售热线：（010）64271187
传真：（010）64271187-800
E-mail：icpc@95777.sina.net

目 录

代　序：粮食安全是国家级难题　　　　　　　　　　　　005

第一章　粮食安全：确保百姓饭碗的国家之战
　　第一节　粮食安全的多样视角　　　　　　　　　　012
　　第二节　粮食安全：国家的责任　　　　　　　　　　020
　　第三节　外来挑战步步紧逼，我们能从容应对吗?　　030

第二章　种子安全：跨国种子企业釜底抽薪
　　第一节　恶行种种：孟山都都干了些什么　　　　　040
　　第二节　种子市场：不可不争、不可失败之争　　　050
　　第三节　转基因：一个绕不过去的种子安全问题　　060

第三章　产业链安全：跨国粮企不断冲击粮食自给底线
　　第一节　粮源之争：产业链安全之战的缩影　　　　072
　　第二节　粮食产业链危机：关乎粮食自给之战　　　091

第四章　粮食进口安全：跨国粮企控制的国际市场靠不住
　　第一节　靠不住的国际粮食市场　　　　　　　　　112
　　第二节　不容乐观的粮食自给前景　　　　　　　　123
　　第三节　中国粮企"走出去"　　　　　　　　　　　134

主要参考文献　　　　　　　　　　　　　　　　　　144
后　记　　　　　　　　　　　　　　　　　　　　　146

代　序：粮食安全是国家级难题

　　早晨打开邮箱，收到《人民论坛》杂志编辑发来的征求"国家级难题"的邮件，我毫不犹豫地把粮食安全问题列为"国家级难题"的第一位。恰好我的老同学、海南亚太观察研究院副院长钟文峰研究员的新著《粮食安全》（以下简称《安全》）即将付梓，邀我作序，却之不恭，但又不敢贸然真的"作序"，只好在这个题目下写一点感想，并大胆对《安全》做一点评论，不知道能否交差？

　　我对"国家级难题"的理解是：对国计民生和国家长远发展关系重大、在短期内很难解决，甚至根本解决不了，只能通过努力加以缓解的重大问题。之所以把粮食安全问题列为"国家级难题"的首位，是由我对当前我国粮食安全的严峻局面的认识所决定的。

　　国际上通用的"粮食安全"一词，是1974年11月联合国粮农组织在罗马召开的第一次粮食首脑会议上提出的。当时的世界粮食形势十分严峻，1972年世界谷物库存1.75亿吨，而占世界人口约3/4的发展中国家只有5400万吨，仅占31%；世界粮食库存量只占消费量的14%。1973、1974年世界谷物库存量分别占消费量的15%和14%。这次会议就是在这种形势下召开的。会议通过了《消除饥饿和营养不良的罗马宣言》和《世界粮食安全国际约定》，第一次提出了"粮食安全"的概念，即"保证任何人在任何时候都能够得到为了生存和健康所必需的足够的食品"。1983年4月，联合国粮农组织粮食安全委员会通过了"粮食安全"的新概念，即"粮食安全的最终目标应该是，确保所有人在任何时候既能买得到又能买得起他们所需要的基本食品"。这个新定义实际上包括两部分内容：一是要生产出足够量的粮食,二是要使消费者能够买得起。这个概念得到了全世界的广泛认同。前者考察的是一个国家或地区的粮食生产能力,后者考察的是在基本供求条件下的政府宏观调控能力。可见,只有在"吃"成为问题的前提下,人们才会考虑粮食安全还是不安全。

目前我国的情况是,尽管我国政府在 1996 年发布的《中国的粮食问题》白皮书明确表示中国能够依靠自己的力量实现粮食基本自给,并且承诺自给率保持在 95% 以上,但事实上,进入新世纪以来,我国对大豆的进口量不断增加(我国的"粮食"口径中包括豆和薯),2011 年达到 5250 万吨。仅此一项,我国的粮食自给率就降到了 90% 左右,这还不算同期进口的植物油的数量。这当然不是说,粮食进口量达到 90% 就一定不安全了,事实上,很多学者一直认为,保持自给率 95% 的目标既没有必要,又要花费高昂成本,因此,适当降低到 90% 左右是可能的。但正如《安全》第四章所谈到的,考虑粮食进口问题,不仅要计算进口数量,还要计算这些数量要是由国内生产,应该投入的耕地面积。按照这个思路,我们计算出 2011 年净进口的种植业产品需耕地 6.35 亿亩,按播种面积 23.5 亿亩计算,2011 年净进口的种植业产品需要 27% 的播种面积来种植,这和《安全》一书所计算的实际自给率是基本一致的。种植业产品当然不仅仅是粮食,但主要是大豆和棉花,并且所有种植业产品都是和粮食争地的。这样问题就相当严重了。另外,从 2012 年第一季度农产品进出口的情况看,谷物的净进口数量比上年同期大大增加,2012 年主粮的净进口的格局已经形成。

从长期看,影响我国粮食安全的因素很多。一是我国尚处于工业化中期阶段,城镇化的任务远没有完成,这就意味着耕地面积减少的趋势仍然不可逆转。但就人均耕地面积看,2003 年人均耕地面积 1.43 亩,2005 年 1.4 亩,2007 年 1.39 亩,这几年耕地减少的数字没有公布,但肯定不容乐观。二是淡水资源匮乏的矛盾日益突出。我国是世界上 13 个最贫水国之一,农业每年缺水 300 亿立方米,全国灌溉面积中有 1/3

是中低产田。三是农业自然灾害的影响趋于频繁。近年来气候条件对农业生产总体有利，但每年总有这样那样的自然灾害，每年因灾害造成的粮食减产损失都在 250 亿公斤左右。四是由于农资价格上行，粮食生产成本上升的压力很大，不断压缩粮食生产的利润空间。五是农产品国际竞争的压力加大。在国际市场上，我国的国产大豆已经失去了价格上的竞争力；稻谷的公斤成本低于美国，但高于东南亚国家，导致近年来从越南等国走私进口的大米不断增加。六是市场需求刚性增长不可逆转。一个近 14 亿人口的大国，不仅对粮食的需求总量大，每年由于人口增加、收入增加和城镇化导致的净需求也在持续增长。七是产后损失较大。每年由于加工、储存的原因导致产后损失高达 500 亿斤，占总产量的 4%以上，相当于 1.5 亿人的口粮。在上述因素中，有的可以通过技术进步等方面的努力加以解决，大部分则是短期内无法解决，甚至根本不可能解决的。因此，粮食安全问题始终是悬在我们头上的"达摩克利斯之剑"，是"国家级难题"。

20 世纪 90 年代中期，由于"布朗之问"，粮食问题一度成为学术界研究的最热点问题，并且持续了相当长时间。近年来，这股"热"尽管逐渐冷了下来，但始终有不少学者一直关注着这一重大问题。农业经济学界对这一问题的研究，主要着眼于生产、市场等角度，鲜见从整个产业链角度讨论粮食问题的文献。这可能是业内人士的"路径依赖"造成的（这样说很好听，照顾了面子，实际上是诸多专业领域的陈规陋习制约了研究者的眼光，使研究思路很难展开）。钟文峰研究员毕业于我校（中国人民大学）哲学专业，近年来主要从事产业安全问题研究，专业背景使他能够从整体的、全面的、运动的（我在大学期间学的哲学，现在就剩下这三个词了）眼光看待粮食安全问题，反而使我们这些业内人士有耳目一新之感，从新的角度深化了对粮食安全这一"国家级难题"的认识。

从 20 世纪 80 年代后期起，以 ABCD（ADM、Bunge、Cargill、Louis Dreyfus）四大跨国公司为首的粮油企业（《安全》简称为"跨国粮企"）就一直觊觎我国的粮食领域，新世纪以来已经全面控制了大豆生产、加工、销售等各个环节，并逐渐向玉米、水稻等品种渗透。毋庸讳言，即使不从民族主义角度看问题（很遗憾，我个人是一个民族主义者），这种状况也是影响我国粮食安全的重要因素，并且从已出现的案例看，这已经不能说是潜在的因素了。由于四大粮商控制了国内约 70% 的大型油脂加工企业，控制产能达 80% 以上，由四大粮商参股或控股生产的植物油通过家乐福、沃尔玛等连锁超市已遍布中国城市食用油消费市场，实现了寡头垄断。在国家利用粮食批发市场拍卖储备粮进行市场价格调节时，它们完全有能力吸收和消化国家储备粮的调控投放，形成吸纳国家储备投放的"蓄水池"，减弱国家干预和调控粮食市场的效果。2007 年，中储粮受发改部门的委托，抛出 20 万吨食用油平抑油价，结果对市场价格调控作用很小，其中的 70% 被某一跨国粮商收购储存。实现了对大豆的全产业链控制后，近年来又借粮食企业转型之机通过购买、参股等形式对基层粮食企业（粮站）进行控制。因此，如何正确看待跨国粮食企业的渗透和控制，是研究中国粮食安全无法绕过去的重大问题之一，可惜的是，农业经济领域的学者讨论得还不够多，更不够深入。可喜的是，我们终于看到了这样的研究成果。

《安全》从三个角度讨论了跨国粮食企业对我国粮食安全的影响。一是在种子领域，"对中国种质资源的掠夺、种子市场的攫取、生物多样性的破坏以及农业（包括粮食）生产形式、组织方式等的打击"。二是对粮食从生产到消费的全产业链的控制，"跨国粮企将其投资触角伸向中国国内粮食生产、流通、消费等产业链各个环节之中，特别是在粮食收储、加工、物流、零售等流通环节的渗透已经非常深入，展现出全面布局、重点突破的进攻态势"。三是对我国利用国际市场调剂余缺和农业企业在海外布局的影响。我国将如何应对？相信读了这本页数不多但分量很足的著作，自会得到期待的答案。

"粮食安全"这四个字的分量太重了。我衷心期待着钟文峰研究员继续对这个领域倾注情感和力量，为解决这一"国家级难题"提供崭新的视角和思路。

孔祥智

2012 年 9 月 13 日

第一章　粮食安全：确保百姓饭碗的国家之战

　　关于粮食安全，经济安全学界经常引用《战国策》中"服帛降鲁梁"的故事，讲的是春秋时期，管仲劝齐桓公穿绨制衣服，并命令大臣们都服绨衣，但国内只准种粮食而不准种桑树。由于举国仿效，齐人尽穿绨衣，齐国丝价飞涨。鲁、梁邻近齐国，见有机可乘，就纷纷不种粮食而改种桑树，卖丝赚钱。没想到的是，过了几年，管仲又劝齐桓公改穿帛料衣服，也不让百姓穿绨衣，而且"闭关，毋与鲁、梁通使"。10 个月后，鲁、梁等国的百姓纷纷饿死，齐国不费吹灰之力便吞并了这些小国。

　　仓里有粮，心中不慌。前事不忘，后事之师。但世界上仍有许多人不吸取历史教训，相同的错误一犯再犯，在"粮食"这个关乎国计民生的关键问题上摆出"自由贸易者"的腔调，鼓吹通过国际市场寻找国内粮食来源，主动放弃自己的经济安全，把自家老百姓的饭碗拱手他人，将国家和老百姓置于危险境地。

第一节 粮食安全的多样视角

一、粮食危机：国家的"不安全"

全球性粮食危机已经出现过好几次了，比较突出的有 20 世纪 70 年代及 2007 ~ 2008 年的两次。

20 世纪 70 年代初，连续几年的恶劣气候和自然灾害导致世界范围内的粮食歉收，主要粮食生产和出口国的粮食产量同时下降。与此同时，苏联一改过去国内粮食歉收就屠宰牲畜以降低粮食需求的做法，出人意料地进入了国际粮食市场，大量购买粮食。这些情况导致世界范围内粮食供求关系出现异常紧张状态，从而引发了第二次世界大战后最为严重的粮食危机。彼时，世界粮食库存锐减，粮价上涨两倍多，广大发展中国家特别是撒哈拉沙漠以南非洲地区深受其害。根据第四次世界粮食普查，受粮食危机影响最严重国家的儿童接近一半处于营养不良状态，一些最不发达国家由于无钱购买粮食或得不到国际社会的援助，陷入了空前的灾难当中，人口非正常死亡率急剧上升。

2007 ~ 2008 年的粮食危机肇始于 2001 年。当人类社会满怀信心与期待迈入新千年的时候，酿成粮食危机的因素已悄然来到人类身边。世界人口增加，能源价格持续上涨，粮食生产成本不断提高，粮食消费升级，使得粮食供求矛盾日益突出。到 2007 年下半年，在一些主要粮食生产国受到严重自然灾害和美元贬值的双重影响下，世界粮价开始急剧上涨。2008 年的前三个月，所有主要农产品的实际价格都达到了近 30 年来的历史高点，粮食危机全面爆发。这场危机的后果相当严重，除了导致一些国家粮食短缺、粮价大涨，一些国家发生粮荒、民众挨饿，一些国家物价飙升、通货膨胀之外，最大的特征就是一些国家出现社会动荡、政局不稳。突尼斯、埃及等西亚北非国家民众高喊着"我们要面包"的口号走上街头，掀起所谓的"茉莉花革命"，传统政权纷纷倒台，也间接促使像利比亚卡扎菲这样所谓的"独裁政权"被推翻。粮食危机直接导致了这些国家的政治危机、政权危机，以及国际地缘政治版图的重新划分。

据联合国粮农组织与国际粮食署 2010 年发布的联合报告称，2006～2009 年，国际高粮价及全球经济危机将饥饿人口数量和比例推至高位后，这两个数字 2010 年随着全球经济"复苏"和粮价从最高位回落均出现下降，但饥饿人口仍高于危机前水平，给实现世界粮食首脑会议和千年发展目标提出的减少饥饿人口目标带来了更大的难度。

综观这两次全球性粮食危机，尤其是 2007～2008 年的粮食危机，可以总结出以下几个特点：

一是国际市场粮食供求矛盾加剧，"有钱买不到粮"越来越成为可能。20 世纪 90 年代中期以后，世界粮食市场供求关系悄然发生巨大变化。由于能源价格持续上涨，粮食生产成本不断提高，抑制了粮食产量的增加，也带动了粮食价格上涨。同时，世界人口急剧增加，粮食消费升级，以及生物质能源的开发利用，大大增加了粮食消费需求。一些发展中国家在财力有限的情况下，农业投入不足，农业发展相对滞后，自身的粮食综合生产能力已满足不了人口增长带来的需求，进而从粮食出口国转为进口国。2008 年世界银行的报告预计，到 2030 年，世界人口将会达到约 83 亿，粮食供给要能够满足预期的世界需求，粮食产量至少要增加 50% 左右，肉类品产量要增加 85% 左右。而在当前全球气候变暖和干旱严重、洪涝灾害频发以及耕地、淡水资源制约加剧等情况下，要想实现上述目标非常困难。

二是国际粮食价格持续暴涨，"穷人、穷国买不起粮"更成了问题。根据联合国粮农组织统计，国际市场食品价格 2007 年比 2006 年上涨 23%，其中粮食价格上涨 42%，食用油上涨 50%，奶类制品上涨 80%。这种上涨已非传统的温和性上涨，其暴涨来得极其迅猛且迅速向他国传导和蔓延。2008 年后，粮食价格继续呈上涨势头。同年的世界银行研究报告干脆宣布，一个持续多年的农产品低价时代已经结束，未来的粮食生产与供给，以及粮食需求与价格，将是世界各国经济社会发展面临的最重要、最紧迫、最棘手的重大问题。

三是部分国家禁止或限制粮食出口。在世界粮食供给短缺、粮价暴涨的背景下，一些粮食出口国为确保本国粮食供应、避免通货膨胀，纷纷采取措施限制或禁止粮食出口。印度原本被联合国粮农组织评为解决粮食自给问题的"模范生"，但在2007年，除十几年来首次向国际粮食市场伸手买粮、从澳大利亚进口300万吨小麦外，还两次宣布禁止或限制小麦和大米等的出口。俄罗斯是世界第五大小麦出口国，原本其小麦出口关税为10%，但在2008年主动将关税调至40%，以控制小麦出口数量。传统的小麦、玉米、大豆出口国阿根廷，其政府也在2008年初宣布提高上述农产品的出口关税，以确保国内粮食的供应。泰国、越南等国还酝酿成立大米出口国联盟，企图形成国际粮食卡特尔组织，受到菲律宾等大米进口国的强烈反对才作罢。这些粮食出口国的"不义"之举，导致规范粮食出口国限制粮食出口行为成为现阶段（2011年）二十国集团（G20）及世界贸易组织（WTO）有关农产品贸易谈判的热点问题。

四是世界粮食库存跌破安全线。随着近几年粮食增产减缓，粮食储备动用频繁，世界粮食库存大幅减少，粮食库存与粮食消费比值不断下降。据联合国粮农组织估算，2008年度世界粮食期末库存降到了40500万吨，是25年来最低储备水平。由于粮食库存不断降低，以及投机资金大举进入农产品期货市场等原因，粮食价格被不断推上新高。

残酷的现实告诉人们，国际粮食市场是靠不住的。依靠别国确保本国的粮食供应风险极大，说通俗一点，一是粮食出口国也会有粮食歉收的时候，别国没有粮食给你；二是在国际粮价不断上涨的背景下，别人的粮食要卖高价，你想买也不一定买得起。粮食消费国特别是像中国这样的大国，只有立足自身，形成供应充足、价格稳定的粮食综合生产能力，才能消除粮食的"不安全"，避免国际粮食危机之火烧及自身。

二、粮食安全：来自联合国粮农组织等的权威解读

（一）联合国粮农组织对粮食安全的定义

粮食危机受到国际社会的广泛关注。联合国粮农组织率先行动。

> 延伸阅读：联合国粮农组织简介
>
> 联合国粮农组织是联合国的下属机构。实现人人粮食安全、确保人们正常获得积极健康生活所需的足够的优质食物是粮农组织努力的核心。它的职能是帮助成员国提高营养水平，提高农业生产率，改善乡村人口的生活和促进世界经济发展。联合国粮农组织先于联合国本身成立。"二战"爆发后，经当时的美国罗斯福总统提议，45 个国家的代表于 1943 年 5 月 18 日至 6 月 3 日在美国弗吉尼亚州举行了同盟国粮食和农业会议。会议决定建立一个粮食和农业方面的永久性国际组织，并起草了《粮食及农业组织章程》。1945 年 10 月 16 日，粮食及农业组织第一届大会在加拿大的魁北克城召开，45 个国家的代表与会。大会确定这天为粮农组织的成立之日。1946 年 12 月 16 日，粮农组织与联合国签署协定，确定从该日起，粮农组织正式成为联合国的一个专门机构。到目前为止，粮农组织拥有 191 个成员国、2 个准成员和 1 个成员组织（即欧洲联盟）。

1974 年 11 月，联合国粮农组织在罗马召开世界粮食大会。大会通过了《消灭饥饿和营养不良的罗马宣言》，提出："每个男子、妇女和儿童都有免于饥饿和营养不良的权利，因此，消灭饥饿是国际社会大家庭中每个

国家，特别是发达国家和有援助能力的其他国家的共同目标。"同时，联合国粮农组织还通过了《世界粮食安全国际约定》。该约定认为，保证世界粮食安全是一项国际性的责任，要求有关国家为保证世界粮食安全随时供应足够的基本食品，避免严重的粮食短缺，要保证稳步扩大粮食生产以减少产量和价格的波动。该约定还要求各国政府采取保证世界粮食库存量最低安全水平的政策，即要坚守粮食库存量与消费量比值不低于18%的安全线。也就是在这次大会上，联合国粮农组织第一次提出粮食安全的定义为："保证任何人在任何时候都能够得到为了生存和健康所必需的足够的食品。"该定义可以理解为，当这个目标受到严重威胁时，即出现了粮食危机。

1983年4月，联合国粮农组织粮食安全委员会通过了粮食安全的新定义，其内容为："粮食安全的最终目标应该是，确保所有人在任何时候既能买得到又能买得起他们所需要的基本食品。"这个新定义包含了三个具体目标：一是确保能够生产出足够的粮食；二是最大限度地稳定粮食的供给；三是确保所有需要粮食的人都能获得粮食。这个新定义得到了国际社会的普遍认可。

1996年11月，在第二次世界粮食峰会上，联合国粮农组织对粮食安全内涵做了新的表述："只有当所有人在任何时候都能在物质上和经济上获得足够、安全和富有营养的粮食，来满足其积极和健康生活的膳食需求及食物爱好时，才实现了粮食安全。"这一概念在之前的基础上又加入了质量上的要求。

应该讲，联合国粮农组织关于粮食安全的定义在不断地臻于完善，为国际社会理解和应对粮食安全问题提供了基础和目标。

（二）国内专家对粮食安全相关概念和我国粮食安全状况的研究成果

结合中国实际，国内专家对粮食安全相关概念进行了系统的研究，取得了诸多的研究成果，比较突出的是来自北京工商大学等三个课题组在为国家制定"十二五"规划、确定粮食发展战略和政策所进行的系统研究上。

以洪涛教授为首的北京工商大学课题组将粮食安全通俗地概括为"供得够、送得到、买得起、吃得好"四个关键词；他们还从国家安全、内涵发展、保障体系、品种安全以及空间层次等诸多角度对粮食安全进行了描述，提出粮食安全分为粮食安全、粮食比较安全、粮食不安全、粮食危机四个层次，粮食安全的警度级别包括无警、轻警、中警、重警和巨警五个级别。他们认为，在粮食市场化改革进程中，我国粮食安全实现了三个转变：1. 由传统的单一粮食观向多元食物观转变；2. 由"藏粮于库"向"藏粮于地""藏粮于库""藏粮于市""藏粮于钱"有机结合转变；3. 由一般化抓粮食生产向重点抓粮食主产区和优势产区转变。他们分别从粮食生产、流通、消费和宏观调控等方面提出了确保中国粮食安全保障指标体系的诸项指标，其中最重要的几项是：1. 粮食生产性保障指标：耕地面积18亿亩、人均耕地面积0.8亩以上、粮食播种面积16.05亿亩、粮食人均占有量不低于395公斤、粮食产量达到5.7亿~5.9亿吨；2. 未来10年粮食流通保障指标：粮食储存量17%~18%、粮食自给率90%~95%（粮食外贸依存度5%~10%）等等。他们认为，现阶段，我国粮食安全总体级别为比较安全，其主要表现是：1. 我国粮食生产总体为"比较安全"，但大豆存在潜在风险；2. 我国粮食流通性安全为"比较安全"，但产后物流损失较大；3. 我国粮食消费性安全为"比较安全"；4. 粮食安全宏观调控为"比较安全"。

以李孟刚教授为首的北京交通大学中国产业安全研究中心课题组提出了以"互利合作、多元发展、协同保障"为主要内容的"新粮食安全观"，以及强调"以谷物为中心，粮食为重点"的"综合化食物安全观"。他们提出的我国粮食安全保障战略目标主要有以下几项：1. 确保粮食总产量持续稳步上升，人均粮食占有量达到400公斤；2. 确保我国大宗谷物基本自给，小宗谷物扩大出口，大米、小麦、玉米的自给率保持在90%~95%；3. 确保国家粮食储备进一步合理化和科学化，国家粮食储备规模需要保持在相当于当年粮食消费量的25%~30%，小麦和稻谷的储备量应该分别保持在50%和25%上下；4. 确保健全和完善的现代粮食物流系统；5. 确保 1500 万生存贫困人口摆脱贫困。他们认为，未来我国粮食供需形势主要表现为：1.粮食生产能力不断增加，粮食增产难度加大；2.粮食需求总量逐年增加，结构性矛盾加大；3.在中长期内，我国粮食仍处于紧平衡状态。

以单志广研究员为首的国家信息中心课题组对未来我国粮食安全状况持相对乐观的意见。他们认为，1.世界上能够生产粮食的土地非常充足，粮食生产潜力完全可以满足世界粮食的未来需求，我国利用的国际大米、小麦等市场不存在可供性方面的问题；2.虽然我国人口众多，但我国的粮食产量增量完全可以解决人口增量的需求，我国的"大国效应"并不明显；3.我国粮食供给安全线应以 95% 的自给率为警戒线，净进口粮食以不超过国内消费总量的 5% 左右为好；4.2010 年我国粮食产需缺口将达到 1100 万吨，2015 年将达到 2200 万吨，这将对我国粮食安全构成严峻的考验。

中国人民大学农业与农村发展学院副院长朱信凯教授，2012 年在全国人大常委会主讲第 28 次专题讲座时，总结了中国的粮食安全概念的"三阶段论"：1.粮食安全的第一阶段是国民经济发展水平较低时期。这一时期的特征是粮食还没有满足消费需求，需要整个社会不遗余力地将粮食生产放在突出位置，这一阶段的粮食安全可以表述为，随时向民众供应足够的基本食品，简言之，就是人人有饭吃，整个社会刚刚进入温饱阶段。这一时期粮食安全保障工作的重点是总量保障。改革开放以前是比较典型的第一阶段。2.粮食安全的第二阶段是国民经济发展到中等水平。其基本特征是粮食生产已经可以在总量上满足需求，社会已经摆脱了粮食短缺的困扰，其他食品如水果、蔬菜、肉禽蛋鱼等丰富起来，人们的选择性明显加强，小康社会的种种特征日益明显。这一时期粮食商品化率有了很大程度的提高，城镇人口占总人口的比重也接近 50%。这一阶段粮食安全可以表述为，所有人在任何时候都能买得到并买得起粮食，整个社会已进入小康。这一时期粮食安全保障工作的重点转变为保证流通。3.粮食安全的第三阶段是国民经济发展到工业化水平时期。二元经济结构得到根本改变，粮食生产已经基本实现了规模化和机械化。这一时期的特征是对粮食的消费趋于平稳。在粮食消费中，人们更多关注已不是总量和品种问题。这一阶段的粮食安全可以表述为，所有人在任何时候都能够在物质上和经济上获得足够、安全和富有营养的食品，来满足其积极和健康生活的膳食需要及食物喜好。在这一阶段，粮食的消费在人们日常消费食物中的比重开始显著下降，其他食物消费的重要性逐渐高于粮食，粮食安全将逐渐让位于食品安全或食物安全。粮食安全保障工作的重点转变为食品的营养和卫生保障以及随生活水平提高而产生的食物偏好。朱教授断言，当前我国正处于由第二阶段向第三阶段转型的历史进程中，强调逐步以食物安全取代粮食安全，扩大对粮食安全认知的内涵和外延，具有越来越重要的意义和影响。

关于粮食安全，企业界也有其独特的看法。我国粮油龙头企业中粮集团总裁于旭波认为，粮食安全是指粮油食品安全，不仅包括谷物安全，还包括油脂油料、食糖、肉蛋奶等安全；不仅包括原粮安全，还包括制成品安全，即食品层面的安全。粮油食品安全第一层面是数量充足与价格稳定。既包括短期总量安全，也包括长期总量安全、品种结构安全、区域结构安全等，同时政府需要维持市场价格基本稳定。第二层面是质量安全。第三层面是产业安全，主要指本国产品和企业竞争力不足带来的产业安全问题。他还判断，我国粮油食品短期总量安全基本可以保障，但长期总量安全、品种安全（不同品种自给率差异较大、优质品种不足）、区域安全（主要是出现主销区供求不平衡问题）、食品安全和产业安全面临挑战。全球粮油食品市场的新变化、新特点和新趋势使得我国未来粮油食品安全面临更大挑战。

第二节　粮食安全：国家的责任

一、粮食是商品，但具有公共产品的属性

在所有人眼中，粮食是商品。它在市场中进行交易，人们必须拿钱去购买，质量差的便宜，质量好的贵一些。以钱易粮，天经地义。

但在诸多学者看来，粮食产业具有公益性、弱质性、风险性和生态性特征，在公共管理领域，粮食安全保障体系与教育、环保、公交等体系一样，也具有公共产品的属性。国家必须承担起向其民众足量、稳定、及时供应粮食的责任，以及向粮食供应者，也就是农民提供支持与补贴的义务。

可以从两方面判定粮食的公共产品属性：

一是从粮食需求方，也就是从消费者角度看，粮食必须是供给充足且价格平稳、供应及时的，也就是说，其供应弹性非常低，国家必须像提供教育、卫生等公共服务一样，为消费者获得粮食保障最终埋单。无论是从防范特大灾害和重大突发性事件出发，还是从保障供应、稳定物价、维护社会政治稳定角度出发，国家都应该建立健全中国特色粮食生产体系、储备体系、供给体系，形成并保持自有的、有效的粮食供给和保障能力。因为不同于其他商品，粮食是生存必需品，哪怕是暂时的短缺或价格暴涨，都可能在民众中引发抢购风潮甚至骚乱。即使不是主粮，在通货膨胀背景下，其他农产品也可能发生波及全国的抢购热潮。2010年"蒜你狠"（抢购大蒜）、"豆你玩"（抢购绿豆）、"姜你军"（抢购生姜）等即是明证。政府如果无所作为，不能向公众提供有效信息并及时调运相关物资确保供应，此类抢购潮将极有可能推高民众的通货膨胀预期，带动物价的全面上涨，影响国家宏观调控的效果。粮价是百价之基，即使在流动性泛滥的背景下，近几年来我国之所以还没有出现恶性通货膨胀情况，与我国小麦、大米、玉米等主粮生产年年增产丰收、库存充足、国家调控能力强大有密切关系，

否则，后果将不堪设想，整个社会都可能陷入混乱之中。我国人口众多，城市人口规模大，乡村人口多且分散，粮食需求具有放大效应，粮食供给保障具有特殊性和艰巨性。正是基于这样的国情和粮情，国家更应该将粮食视为不同于一般商品的公共产品，把粮食生产与供应作为头等大事，坚持工业反哺农业、加大对粮食安全保障体系建设投入的方针，始终把手中有粮作为国家粮食安全的首要条件，做到以产供需、以储保缺、以丰补歉，确保老百姓能得到充足、安全、及时、价格平稳的粮食供应。

延伸阅读：刘晓雪谈粮食的公共产品属性

北京工商大学刘晓雪副教授在分析了研究界有关"公共产品"概念认识的四个阶段后认为，粮食既不是纯公共产品，也不是纯私人产品，而是介于两者之间的混合产品，具有公共产品和私人产品二重性。

她认为，基于"粮食是安全的"和"粮食可通过市场机制达到最优配置"的两大假设，粮食具有排他性消费和竞争性消费的特征，因而可以视为私人产品。但以下因素又使粮食具有公共产品的属性。（一）粮食安全符合公共产品属性。对于粮食安全，以价格为核心的市场机制无法实现帕累托最优，出现了市场"失灵"，这就需要政府来矫正和弥补。（二）粮食储备是公共产品。粮食储备是指国家为了满足粮食安全的需要，以及平抑市场价格波动的需要所建立的储备制度。它是实现国家粮食安全的一种手段，具有公共产品的属性。（三）粮食具有公共产品属性。由于粮食生产自然风险大、比较收益低，而政府出于粮食安全的考虑，限制了农业要素由农业向工业的自由流动，一方面避免了粮食价格的大幅度波动，另一方面使得粮食产业长期处于低收益状态，无法通过自由调整实现工农业的均衡。正是政府的限制，使得粮食生产收益长期处于较低状态，所以政府对粮食进行补贴，就是一种互利的交换，而不是政府单向支出。刘晓雪认为，正是政府的这种考虑，体现了粮食公共产品的属性，政府的目的就是降低粮食产量和粮食价格的大幅波动。

二是从粮食供应方，也就是从农民的角度看，粮食也应该被视为公共产品加以妥善对待。首先，粮食生产不同于工业生产和工业产品，不具有过程的可控性和产品的耐贮藏性，粮食的供应弹性很低，在孩子教育投入、农业生产资料的投入、预防风险的储蓄等刚性货币需求压力下，农民手中留不下粮来，他们更容易被迫出售粮食，甚至在低于货币性生产成本的情况下出售粮食，出现"谷贱伤农"的情况。其次，粮食作为生活必需品，国家不可能在粮食供应短缺的情况下任由粮价上涨，即粮食的低需求弹性这一市场属性对农民有利的一面也因其特殊的效用被国家"剥夺"了。"剥夺"了人家的，就得向人家提供补偿。据中国人民大学农业与农村发展学院孔祥智教授等的研究，新中国成立60年中，中国农民为国家工业化、城镇化建设做出了巨大的贡献，通过工农产品价格"剪刀差"为工业化提供资本积累和降低成本，为非农产品提供充裕而廉价劳动力和土地资源，粗略估算也达到了1713万亿元。回报农民，进一步落实"多予、少取、放活"政策，建立以工促农、以城带乡的长效机制，让农业增产、农民增收、农村搞活，国家责无旁贷。而且，这也是建成全国大市场、推动国内消费、促进内需、实现经济转型升级的必由之路，必须放在教育、卫生等公共事业的高度加以重视和进行实质性的投入。

此外，粮食生产受到耕地、淡水等自然条件约束，极易产生大起大落的情况，相关的水利、交通、储运等基础设施建设只有国家才能承担，国家也必须承担起来；粮食生产与消费在空间上存在错配，确保产区有种粮积极性、销区粮食供应充足且价格稳定，国家必须承担宏观调控责任；粮食生产与消费在结构上存在紧密的对接，如何构建一个信息反映灵敏、供给渠道顺畅的粮食供求保障体系，亦是市场难为、国家不可推卸的责任。凡此种种，都体现出粮食不止是商品，它的公共产品属性亦非常明显，应该受到高度重视。

二、建立和完善粮食安全保障体系：政府义不容辞

粮食既是商品，又具有公共产品的属性，这样自然就会产生问题：哪些该是交给市场的，哪些该是交给政府的？

从理论上讲，在市场经济条件下（即便是当今市场经济条件并不完全的条件下）的粮食生产、交易市场，参与粮食生产、交易价值链中每一环节活动的主体，包括农民和企业，一般都具有完全市场参与能力，即他们都能根据自身条件（资源禀赋、成本状况、生产与经营能力、资金实力、市场开拓能力等），确定自己的经营目标、策略和方法、渠道，即对农民而言，种什么、种多少、卖给谁、以什么价格卖、卖多少、自己存多少等，都是自己确定的。那些参与合作经营、公司加农户经营等的农民，其经营行为也主要是自主决策、自行采取的，理论上并不受外界的干预。企业也是一样。在这个粮食市场中，价格信号，包括生产资料价格、劳动力价格、产品销售价格等，是引导农民和企业开展生产经营活动的主要牵引力。合算就做，不合算就不做，这就是理论上粮食市场参与者的自由选择权。以价格信号为基础建立的粮食市场体系，包括种子市场、生产资料市场、劳动力市场、储存市场、物流市场、食品加工市场、粮食与食品分销市场、售后服务市场以及国际贸易市场、金融与保险市场等，都是由这些"理性经济人"自由结合、共同发展起来的，由市场这只"看不见的手"进行调控。在这个市场中，一样存在高明者、弱智者，一样存在弱肉强食、尔虞我诈，一样存在相互合作、共同发财。赢者自然得意，输者黯然离场，谁也怪不得谁。

但粮食具有公共产品的属性，国家这只"看得见的手"参与到了整个

粮食生产、交易价值链之中。粮食市场的价格信号是用各种政策性补贴、税收优惠扭曲过了的，粮食市场也是在政府政策引导甚至是主导下建立起来的，国际粮食贸易规则是靠各国政府针锋相对谈出来的。农民和企业正是在这样的市场环境下开展自主生产与经营，实现利益最大化的。

那么，在粮食市场上，政府又是如何以政策和行政之手参与进来的呢？或者说，中国政府在充分尊重市场经济规律和规则的基础上，应该如何介入粮食安全保障体系建设，确保国家粮食安全和农民、涉农企业的增产、增收呢？

简单地讲，政府要将粮食生产、流通、消费、进出口等视为一个全产业链，针对这条产业链的每个重要环节，建立相应的保障体系或机制，即在顺应传统农业向现代农业转变趋势的过程中，由国家政策和行政引导，由农民和企业主动参与，坚持把粮食生产放在现代农业建设首位，构筑中国特色粮食安全保障体系。具体而言，主要要建立以下国家粮食安全保障体系：

（一）建立与完善粮食生产保障支持体系

粮食"供得够"首先是要种得出。要确保粮食安全，首先要做到的是有地种、有水浇、有人劳作。

一是要保护"两条红线一个核心"。众多的研究表明，国家要保护18亿亩耕地红线不突破，保护16亿亩粮食播种面积不突破，粮食平均单产应提高至350公斤的核心不变，是符合我国人多地少、耕地资源相对于庞大的人口数量显得相对匮乏的基本国情的。改革开放三十多年来，随着工业化、城镇化的推进，我国社会经济发展与耕地保护之间的矛盾日益突出，国家必须从严控制城乡建设用地总规模，实施耕地先补后占、占一亩补一亩政策；必须加大土地综合整治力度，使一些未利用的土地、工矿废弃地、利用效率不高的土地，转化为可利用的耕地。只有守住这"两条红线一个核心"，才能保证农民有地种、粮食有收成。

二是加大农田水利建设和环境治理，提高水利灌溉面积和水平。我国地处亚洲东部、太平洋西岸，气候条件复杂多样，水资源总量不足且分配不均，洪涝灾害、干旱缺水、水体污染构成我国粮食生产的重大威胁。国家应该加大江河治理、灌区改造等的投入，扩大粮食灌溉面积，提高农业水资源供应水平，确保粮田稳产高产。

三是提高粮食种植的比较效益，确保粮食播种面积的稳定。能不能做到粮食播种面积占耕地总面积的比重不会进一步缩小，取决于农民种粮的比较效益如何。农民种粮效益高，播种面积自然扩大，否则播种面积一定会萎缩。农民种粮的比较效益，又受土地流转制度，国家对粮农的各项补贴的投入数量、方向和落实情况，科技在农业生产中的应用以及粮食价格等方面因素的影响。其中，就当前的中国农村而言，优化农村种粮劳动力的年龄结构、提高种粮劳动力的劳动技术和生产知识，是确保粮食丰产的关键。国家在政策上应当：1.鼓励农村劳动力对外流转，同时吸引精壮劳动力返乡种粮；2.在当前粮食直补、良种补贴、农机和农资补贴等基础上，加大补贴力度和补贴范围，让农民种粮得到实实在在的好处；3.加强农民劳动技能培训和科技成果转化水平；4.继续允许土地流转，提高土地规模化经营程度等。

在这个问题上，最关键的是粮食安全财政补贴政策必须保持连续性，并根据粮食安全状况及"三农"发展情况进行动态调整。随着WTO《农业协议》的约束力不断向市场化进程推进，国际上针对农业包括粮食产业的保护和支持开始由价格支持转向收入支持，由间接补贴转向直接补贴。我国在财政补贴与支持农业方面离WTO约束标准还有很大差距，加大补贴规模的空间还很大，应在2004年取消农业税、开始构建粮食综合性收入补贴和生产性专项补贴架构的基础上，进一步完善粮食补贴政策体系，保持粮食生产对农民的吸引力，稳定耕地与播种面积，确保粮食生产稳定进行。

（二）建立与完善粮食储备与物流保障体系

粮食是易腐品,体量庞大,生产出来以后,能不能"装得下"、"运得出",

这是确保粮食安全的重要环节，国家应该承担起建立健全全国范围内的粮食储备与物流保障体系，保证粮食及时有效的供给。

对一个国家来说，粮食储备量的多少是衡量一个国家粮食安全与否的重要标志。按照联合国粮农组织的观点，当年世界粮食的储备量至少应达到当年世界粮食总消费量的 17% ~ 18%，其中后备储备（主要指粮食专项储备）占 5% ~ 6%，而且，一个国家的保险储备粮食需要满足 3 ~ 4 个月的口粮。据有关部门统计，目前我国国家储备粮库储备达到较高水平，粮食库存比达到 35% 左右，我国现有 15000 万 ~ 20000 万吨的储备粮，库存水平比世界平均高出 1 倍，处于"紧过剩"状态。

粮食产区与销区的区域和结构性分布不均是我国的基本国情，在粮食跨省调运数量日趋庞大的情况下，国家要着力建立连接产区与销区的高效率、低成本的粮食物流体系，以有效调控粮食市场、保障粮食安全。从目前情况看，我国粮食物流体系还存在诸多突出的问题，比如基础设施装备落后，"北—南"粮食物流遭遇衔接"瓶颈"，粮食流通"四散化"（散储化、散运化、散装化、散卸化）程度低、缺乏完善的粮食物流公共信息平台等。据洪涛教授课题组评估，现阶段我国粮食安全的物流保障体系建设处于"比较安全"中偏不安全的状态，在节点布局、功能发挥、成本效益等方面还存在一定问题，需要进一步建设和完善。

（三）建立与完善粮食消费与价格风险管理体系

粮食在生产出来以后，最终能否端上老百姓的饭桌，在供给数量能得到保证的前提下，主要表现为两个问题：一是粮食价格是否合理，老百姓是不是买得起粮食；二是老百姓能不能以合理的价格买到自己想买的品种和质量的粮食。

针对第一个问题，除了国家通过在源头上控制粮食生产成本上升势头、及时收储或投放储备粮、推动企业与农民存粮投放市场等以平抑粮价外，主要是要对粮食价格敏感人群及时提供粮价直接补贴。这些人群包括城镇低收入者、孤残病人员、大中专学生等。

针对第二个问题，国家应该着力于：1. 完善粮食市场体系，提高粮食市场化程度，具体而言，是要推动粮食市场主体多元化，完善多层次粮食市场体系，建立、健全城乡一体化连锁营销网络，培育和健全农村食物供销体系；2. 合理调整产业结构，鼓励生产优质粮食品种，并合理利用国际市场调剂国内供需，稳定粮食价格；3. 普及粮食营养知识，倡导健康消费，等等。

（四）完善粮食领域对外合作管理体系

在保障国内粮食基本自给的前提下，国家要合理利用国际市场进行出口调剂，同时，建立有效的风险防范机制，警惕可能产生的国家粮食供给不安全问题。

（五）建立和完善粮食生产与流通的金融与保险保障体系

金融部门作为经济"血液"和"助推器"，其对构建粮食安全保障体系具有重要作用。国家应当按照粮食生产、储备、加工、流通、消费的过程，从"粮食产业链"的角度建立和完善涉及粮食安全的金融与保险保障体系。确立并落实"以政策性金融为主导，商业金融、合作金融为两翼"的发展思路，构建一个基于粮食产业链的多层次、广覆盖、竞争性的金融、保险保障体系，为粮食安全提供有力的金融支持和保障。

（六）建立和完善粮食安全预警系统

建立一个有效的粮食安全预警系统，对我国粮食安全状况做出科学的预测，在出现危及我国粮食安全情况时提前发出预警信号，让各级政府及相关机构做出预防措施。这是确保国家粮食安全的一个重要措施。具体而言：1. 在全国建立一个针对粮食生产、库存、物流、消费、进出口等环节进行基础数据采集、整理、分类等的网络和队伍；2. 确立一套完善的粮食安全预警指标体系，对涉粮信息进行科学的分析，对国家粮食安全状况进行准确判断并发出警示；3. 在各级政府、主要政策执行机构和企业建立警示发布和应急响应机制，根据预案采取相应行动，防止国家粮食安全出现问题。

延伸阅读：陈敏——在确保粮食安全上政府的责任

　　学者陈敏在对比日本、美国、欧盟在发展农业及确保粮食安全方面政府所起作用后，提出了他在针对确保粮食安全上政府责任问题的观点。陈敏认为，根据我国粮食供需面临的新形势和粮食安全体系的公共产品属性，可以将政府在保障粮食安全方面的责任区分为危机管理责任和常规调控责任，两者的侧重点不同，其责任大小也有区别。对于粮食安全危机管理，政府必须负全责，对于常规调控可以在市场调节的基础上因势利导，适时干预。

　　1. 在政府粮食危机管理责任方面，主要是应对严重自然灾害、战争、国际封锁以及疫病、谣传等非常事件造成粮食市场过度波动或抢购而引发粮食安全问题时的应急处置责任。具体应建立健全四个体系：一是价格预警体系，二是粮食储备体系，三是应急保障体系，四是责任分担体系。

　　2. 在政府常规调控责任方面，主要是为求总量基本平衡、市场相对平稳、打击假冒伪劣、保证质量安全而采取的相关调控和监管责任，从环节上可分为扶持生产的责任、促进流通的责任和引导消费的责任。具体而言，扶持生产的责任包括保持水土、保护耕地，推广科技、提高单产，区域分工、优化布局等三个方面，促进流通的责任包括市场培育、市场监管和外贸合作等三个方面；引导消费的责任包括倡导节约、减少口粮浪费和大力开发谷物饲料替代品两方面。

　　陈敏提出，从长远看，粮食生产易退难进，客观上比较效益又低，如果生态环境继续恶化，耕地面积继续锐减，单位产量不能快速提高，生产能力不能有效恢复，我国粮食安全将面临巨大压力和严峻考验，保障粮食安全的责任将重于泰山。该是政府担当的责任，政府一定要担当起来。各级政府要切实落实与这份责任密切相关的各项政策措施，切实做到头脑清醒、心中有数，未雨绸缪、主动应对。

市场的归市场，政府的归政府。在粮食安全问题上，面对来自老天爷和人类自身、来自中国内部和外部的各种挑战，我们的政府能做好自己该做的吗？

第三节　外来挑战步步紧逼，我们能从容应对吗？

一、源自 13 年前一纸协议的市场开放

"下午 3 点 45 分，'睡足'了的谈判代表再次碰头。……

"一个半小时后，谈判室的门被推开，经过紧张的讨价还价，神情疲惫的中美官员互相之间都没有打招呼就分头离去。石广生部长（中国外经贸部长）表情严肃，其手下人也是一脸凝重。显然，谈判无太大进展。

"昨夜挑灯夜谈，今日聚散匆匆。中美世贸谈判北京分站的比赛又是这么突然开始又草草了结？但外经贸部有关官员透露，谈判明天还将继续。11 日晚，美方也放出风说，应中方要求，巴尔舍夫斯基一行将在北京多停留一天。"

这是 1999 年 12 月 16 日新华社一篇名为《六天六夜——中美世贸谈判采访追记》的报道中的文字。中美针对中国加入世界贸易组织的谈判在最后关头的针锋相对，过程的跌宕起伏、山重水复，在这篇报道中反映得淋漓尽致。其中，美方所玩的订回程机票、临时向酒店退房等谈判花样，至今都成为国际谈判界的笑谈。

美国方面的漫天要价，中国方面的坚守原则，使这场始于 1986 年 7 月 10 日的中国加入世界贸易组织的谈判，历经关贸总协定转变为世界贸易组织的重要变化，到 2001 年 9 月 17 日世界贸易组织中国工作组第十八次会议通过中国入世法律文件，过程曲折而漫长。其间，中国代表团换了 4 任团长，美国换了 5 位首席谈判代表，欧盟代表换了 4 位。从 1987 年就担任关贸总协定（后为世界贸易组织）中国工作组主席的瑞士人吉拉德说，履新伊始，有人戏称他这个主席也许得干 10 年。吉拉德不以为然地大笑，谁知到头来竟干了 14 年半！

在这场旷日持久的谈判过程中，中国所追求的是"全面重返国际经济

舞台，享有品尝经济全球化成果的权利，参加制定有关游戏规则，在建立国际经济新秩序中把握主动权，及利用WTO争端解决机制在国际贸易战中占据有利位势"。与此同时，在谈判中，中国尽量争取给中国相关产业更长的过渡期、更好的成长机会，规避和减少入世所带来的冲击和风险。

在中美较量最多的行业中，农业是最引人注目的。

在美方，像中国进口美国问题小麦（TCK小麦）和柑橘这样其他国家不可能拿到谈判桌上来的问题都拿出来，迫使中国一次性地在农产品自由贸易、市场准入等方面放弃防线，向美欧大国敞开大门。

美国人为何这样煞费苦心？他们看中的是中国有13亿人口，以及经济增长率达到10%左右的发展中大国巨大的市场潜力。他们要为自己跨国农业公司包括粮食企业集团在中国的长驱直入创造条件、提供动力、排除障碍。

实际上，中国为加入WTO，在农业准入和农产品贸易等问题上确实做出了巨大的让步。

（一）在市场准入方面

中国承诺入世后对所有农产品的关税均实行上限约束，并且将算术平均关税率由目前的21%降低到2004年的17%。对于过去实行外贸计划管理的重要农产品，如粮食、植物油、棉花、羊毛、食糖和橡胶等商品采取关税配额制度进行管理。

（二）在国内支持方面

综合支持量（AMS）允许幅度是中国入世谈判的焦点。美国谈判方要求中国接受适用于发达国家的微量允许标准，即农业总产值的5%。中国政府则坚持要求获得适用于发展中国家的10%这一微量允许标准。根据最后达成的入世议定书，我国做出如下承诺：1. 中国在基期中的AMS水平为零；2. 中国用于整个农业的一般性支持和用于特定商品的支持均采用8.5%这一微量允许标准，这一幅度介于适用于WTO发展中国家成员和发达国家成员的一般标准之间；3. 计算中国的AMS指标时，将包括按照农业协定第6条2款给予发展中国家特殊豁免的三项措施开支，即为了鼓励农业和农村发展，给予所有农民的一般性投资补贴、给予资源贫乏地区农户的投入补贴和引导农民停种非法麻醉作物的补贴；4.中国的 AMS 按每年的实际产值比例计算，而不是固定在某一特定基期时的水平。

（三）在出口补贴方面

美国在谈判中坚持要求中国做出承诺，在入世之后立即取消农产品出口补贴。实际上，在 1999 年与美国达成的双边协议中，中国已经接受了这一要求。在以后的双边和多边谈判中，农产品出口补贴继续成为中国入世谈判中的热点问题之一。在最终达成的入世议定书中，中国重申入世后对农产品出口不实行补贴。

（四）在非贸易影响方面

中国承诺，对进口农产品的病虫害检疫和质量检验将采取符合国际规范的做法。

一纸协议给中国农业包括粮食产业带来了沉重的压力。面对着扑面而来的国际农产品的激烈竞争，长期分散经营、缺乏现代化、规模化生产能力与经验，科技含量低，市场意识欠缺的中国农业、中国粮食产业能够经受住冲击，守住 13 亿中国老百姓的饭碗，确保中国国家粮食安全吗？

事实证明，在严峻的市场竞争和挑战面前，中国农业、中国的粮食产业不仅稳住了国内的市场，还积极主动出击，提升了竞争力，保持了良好的发展势头，取得了良好的发展成效和不俗的业绩，入世 5 年后的 2007 年 1 月，当年作为专家组组长直接参与中国入世谈判的国务院发展研究中心办公厅副主任程国强研究员总结说，加入 WTO 后，中国农业的开放是一个主动融入世贸体系的过程，而不是被动地接受冲击。具体来看，有三方面原因。第一，根据全球化的趋势，我们主动对农业进行了战略性调整。通过推进农业标准化、提升农产品质量、加强农产品专业化和区域化建设等举措，全面提升了农业的竞争能力；此外，更善于利用国内外的农业资源和市场，通过进口原料性、资源性农产品，出口劳动密集型产品，发挥了农业内部的比较优势。第二，中国政府高度重视"三农"问题，采取了一系列支持政策，促进了农业发展。第三，加入WTO步伐恰与由中国经济发展所带来的农业结构的调整转化期相重合，起到了互相促进的作用。

但13年前的一纸协议，带来的外来挑战仅仅刚刚开始显现。"我们不怕产品来，我们是怕公司来。"程国强的这句话，道出了他作为中国谈判代表的最纠结的心声。他说：如果只是简单地开放市场，闸门我们可以随时拉上，一个产品进入过多，我不相信一个政府就没办法把它限制住，对我们市场有影响，为什么不能限制？有什么好怕的。关键是它不仅是这样。剔除了条条框框的市场开放后，国内整个市场竞争将面临着组织化程度非常高、竞争能力非常强的跨国公司，谁能应对它？它们才是加入世贸组织以后中国农业的全面挑战者。

跨国粮企已经进来，从种子制备，到谷物生产，到粮食储备，到食品加工，到粮油物流，到批发零售，到进出口贸易，到金融与期货，他们已经以集团军的优势，身携资金、技术、人才优势，全面进入中国农业、中国粮食市场全产业链当中，杀气腾腾，攻城略地，所向披靡——应当引起高度关注。

二、坚持以我为主的国家粮食安全观

中国人口众多，粮食需求总量基数大、增长平稳，加上工业化、城镇化进程加快，食物消费结构优化，对粮食与食品质量与品种要求更加多样化，再加上粮食需求和缺粮风险具有放大效应，使得中国粮食供应保障具有特殊性和艰巨性。中国特殊的国情与粮情，要求我们必须坚持粮食安全以我为主的国家粮食安全观。

在粮食安全上要求以我为主，主要包含以下含义：

（一）立足国内资源，实现粮食基本自给

早在1996年10月，中国政府就粮食安全问题发布了《中国的粮食问题》白皮书，白皮书明确指出："立足国内资源，实现粮食基本自给，是中国解决粮食供需问题的基本方针。中国将努力促进国内粮食增产，在正常情况下，粮食自给率不低于95%，净进口量不超过国内消费量的5%。"白皮书还指出："中国立足国内解决粮食供需平衡问题，并不排斥利用国际资源作为必要补充，但这只起品种、丰歉调剂和区域平衡的作用。"

中国政府是这样严正宣布的，也是这样去做的。白皮书发布至今16年，是中国改革开放历史进程中最重要的时期，中国农村改革发展三十多年，在包括粮食生产等方面取得了举世瞩目的成就。到2011年为止，中国粮食生产已经连续取得8年持续增产，粮食总产有望达到11万亿斤的历史高位；粮食和主要农产品实现由供给短缺到供求基本平衡的历史性转变；中国人均粮食占有量超过世界平均水平；粮食储备充裕，粮食自给率连续10年保持在95%以上；粮食净出口连年递增；中国对外粮食援助力度逐年加大。曾在1994年抛出"谁来养活中国？"问题的美国著名生态经济学家、地球政策研究所所长莱斯特·布朗，在2008年接受中国《环球时报》记者采访时，虽然再次提出"中国同世界上其他国家一样面临着粮食供给紧张的问题"，但也承认，由于采取了许多行动，实施了一系列政策措施，中国已经成为粮食自给自足的国家。

延伸阅读：布朗"谁来养活中国？"之问

1994年9月，时为地球政策研究所所长的美国生态经济学家莱斯特·布朗在《世界观察》杂志（1994年第9～10期）发表了题为《谁来养活中国？》的文章，后来又出版了相同题目的书籍。布朗在书中提出："中国人口每年增长1400万人，收入也在迅速增加。随着人口的继续增长，以及人均收入水平的提高，必然使得粮食需求急剧增长。……与此同时，中国的粮食生产却不能同步增加。（因为）随着人口和工业经济的同时增长，工厂、住房、道路、公路以及农作物种植都在争夺宝贵的土地资源，结果是当中国最需扩大农田面积时，农田面积却在缩小。"布朗因此提出两个问题。一是中国将来是否有支付能力大量进口粮食？答案是肯定的。二是若中国大量进口粮食，是否有哪个或哪几个国家能够足额提供？布朗的答案是否定的。他说："世界上没有一个国家或国家联盟有潜力能够提供如此多的粮食。"布朗由此得出6点结论：第一，中国粮食产量将逐年下降；第二，中国将成为世界上最大的粮食进口国，到2030年，中国粮食消费中将有59%依赖进口；第三，中国的经济繁荣将使世界进入粮食短缺时代；第四，中国大量进口粮食将加剧世界贫困；第五，中国的粮食危机将引发全球生态危机；第六，中国的粮食危机将引起世界性的经济崩溃。

（二）依靠自己的力量，确保粮食安全

《中国的粮食问题》白皮书强调指出："中国能够依靠自己的力量实现粮食基本自给。""依靠自己的力量"，这是以我为主、确保国家粮食安全的重要内涵。

首先，解决中国的粮食问题，可以依靠的主体只能是中国的农民和中国自己的企业。我国给予在华投资外来企业（包括跨国企业）国民待遇，依法保护它们在中国的投资与贸易活动，但要认识到，外来企业经营目标和目的难与我们国家的目标相一致，特别是跨国公司（包括跨国粮企），它们是依据全球资源、政策情况进行全球布局的，以获取超额利润为目的，即使是其在所在国实现了完全本土化，在所在国利益与其公司利益发生冲突时，很难指望它们能积极配合所在国的国家行为。体现在粮食问题上，不能指望跨国粮企主动承担确保中国粮食安全的责任。

其次，解决中国的粮食问题，中国拥有自己的人才和技术才是最可靠的保证，特别是对于一些关系国基民本的高精尖技术与人才，实现自主开发、自我拥有知识产权，对于确保产业安全，实现稳定、可持续发展是非常必要的。

（三）确保粮食供需调控手段和渠道始终掌握在自己手中

立足国内资源，实现粮食基本自给，是确保国家掌握粮食调控能力的基础。在具体调控手段和渠道上，政府应该有高度自觉，始终把粮食生产调控权、粮食价格影响权、储备粮食调动权、粮食进出口控制权等粮食供需调控手段和渠道紧紧掌握在自己手中，决不能受利益集团包括跨国粮企的游说和影响，坚持自我判断、自我决策、自我监察和修正执行效果，建立和完善各项粮食安全保障体系，确保国家粮食安全。

在坚持粮食安全以我为主的前提下，国家应该创造良好的投资环境，引导跨国粮企在中国的投资与贸易，保障其合法权益。同时，应加强粮食领域的国际交流与合作，合理利用国际市场调节国内粮食供需，鼓励中国企业走出去，充分发挥国内、国际两种资源、两个市场的作用，多层次、多渠道地解决我国粮食来源，同时为世界粮食安全做出贡献。

三、在三条战线上应对跨国粮企的挑战

中国加入世界贸易组织过渡期结束后，即使是主张粮食领域自由贸易的人士都注意到而且感叹，跨国粮企进入中国粮食领域来势迅猛，已在多方面、多层次危及我国粮食主权安全。其突出表现是，以孟山都、先锋、先正达等为首的跨国种子公司利用其强大的科研与资金实力以及先进的经营管理体系，逐渐渗透、蚕食我国种子市场，给我国种子安全带来巨大威胁；ADM、邦基、嘉吉和路易·达孚国际四大粮企，特别是益海嘉里公司，已控制我国食用油 80% 的市场份额，并开始向粮食储备、粮食加工等上下游环节延伸。我国农产品的市场竞争关系发生了重大变化，开始由单一的国内竞争逐渐转向国际、国内双重竞争。但我国国有粮食企业改革依然滞后，"三老（老人、老粮、老账）"的历史包袱还没有完全解决，粮食外贸和内贸体制分割，还不能适应加入世贸组织后激烈的国际市场竞争。

今后,中国将会在三条战线上受到跨国粮企（包括国际金融投机力量）的严峻挑战。

一是跨国种子公司对中国种质资源的掠夺、种子市场的攫取、生物多样性的破坏以及农业（包括粮食）生产形式、组织方式等的打击。虽然到目前为止,人们还无法判断包括转基因技术在内的现代生物技术对未来解决粮食问题、确保人类食物安全上所起的作用是正面的还是负面的,但跨国种子公司在我国咄咄逼人的渗透与发展态势,不由得让人担心,中国的粮食安全可能会在种子安全上被人釜底抽薪。

二是在我国努力确保95%的粮食自给率的时候,跨国粮企将其投资触角伸向中国国内粮食生产、流通、消费等产业链各个环节之中,特别是在粮食收储、加工、物流、零售等流通环节的渗透已经非常深入,展现出全面布局、重点突破的进攻态势。这是一场深刻而艰难的战斗,在中国粮企全产业链建设刚刚起步,体制、机制尚未理顺,资金技术实力尚不具备的情况下,其所带来的挑战将相当复杂而严峻,中国立足国内资源、实现粮食基本自给的基本目标受到严重威胁。

三是中国利用国际市场调剂国内供需及实现"走出去"的目标受到严峻考验。首先,国际粮源基本上被发达国家和四大粮商所控制,国际粮价起伏不定,存在我买即涨的"大国效应";其次,世界人口急剧增长,粮食供需紧张,广大发展中国家对中国从国际市场进口粮食异常敏感;再次,国际粮食危机、能源危机与金融危机相互交织、相互影响,中国粮食市场受国际市场影响加大,包括像大连期货等国内农产品期货市场已经成为国外市场的影子市场;最后,中国粮企在"走出去"的过程中,一方面受到跨国粮企及发达国家的挤压,另一方面又受到发展中国家的猜疑,"走出去"步履艰难。

三条战线波谲诡异,战况激烈。我们做好准备了吗？我们应该如何应对？我们能从容应对吗？以后各章,将围绕这三条战线的"战事"一一展开……

第二章　种子安全：跨国种子企业釜底抽薪

国以农为本，农以种为先。

种子，是一切农业生产的起点。种瓜得瓜，种豆得豆；春种种不良，秋收果不获。种子的重要性不言而喻。培育、推广、种植高效、优质、稳定的良种是古今中外农桑产业的重中之重。谁手中掌握了良种，谁就掌握了农业生产的金钥匙。

跨国粮企在中国的攻城略地，首先就发生在种子行业。山雨欲来风满楼，中国的粮食安全，自种子开始即已堪忧！

第一节　恶行种种：孟山都都干了些什么

一、阿根廷：浸透着农民血泪的大豆

阿根廷，这个南美第二大国，在它的东中部，美丽的潘帕斯大草原土壤肥沃，气候宜人，印第安土著和后来的西班牙裔移民辛勤劳作，使阿根廷拥有了"世界的粮仓和肉库"的美称。在 20 世纪的胡安·庇隆时代，小型家庭农场遍布草原，农民们在他们的土地种上些小麦和蔬菜，养些鸡鸭和奶牛，或者自用，或者出售，一家家过得其乐融融。他们生产的牛肉质量非常好，只有美国的得克萨斯牛肉才能比得上。那个时候的阿根廷农民自给自足，负担轻微，政府也取予（税收）方便，与农民相安无事。富足而和谐，这使阿根廷成了全世界称羡的"白银"（西班牙语"阿根廷"原意）之国。

如今的潘帕斯草原再也看不到昔日"鸡犬相闻"的"小国寡民"景象。秋天里，你能看到的只是一望无际的豆浪、隆隆驶过的大型收割机、徐徐开出的装满大豆的卡车——大豆，大豆，只有大豆。

现在的阿根廷，大豆成了最重要的农产品和出口商品，以至于它的美女总统克里斯蒂娜也会因为"得罪"豆农而焦头烂额，因为推销大豆"有功"而获得连任。

大豆，让阿根廷得到了很多，包括不可靠的金钱和虚妄的荣耀。但他们失去了更多，他们的生产方式、生活方式，他们的经济主权、人民健康。金黄色的大豆浸透了阿根廷农民的血泪和现任政府的无奈。但孟山都人笑了，他们在背后操纵着阿根廷大豆产业的发展，攫取着大豆育种、生产、销售等所有环节的超额利润。阿根廷大豆成就着这家以美国为背景的跨国种业公司的"现代化农业发展模式"。

那么，孟山都在阿根廷做了些什么，它又给阿根廷人带来了些什么？

让我们从头说起。

20世纪70年代,阿根廷还处于"光荣的庇隆时代"。那个时代的阿根廷,强大和组织良好的工会与深度参与经济发展的中央国家机器相结合,与私营经济密切合作,形成一种堪与斯堪的纳维亚半岛的社会民主主义相媲美的国家管制经济模式。庇隆主义也使阿根廷人团结起来,建立了强烈的国家认同。

石油危机的爆发使阿根廷进入了国家经济与政治的动荡阶段。1976年,在美国的支持下,卡洛斯·梅内姆通过军事政变夺取了政权,在美国版的"休克疗法"建议下,阿根廷迅速走上激进的自由化、私有化发展道路,大量的外国投资进入阿根廷,负债发展成了阿根廷经济的主要驱动力。20世纪90年代开始,梅内姆在国内大力推行所谓的"农业革命",以期增加农业方面的收入来偿还外债。在这场"革命"中,阿根廷市场充斥着外国进口的廉价粮食,国内中小农场主因此纷纷破产,大量的农田被以嘉吉为首的外国农业企业收购,许多的农场购并还是在黑社会和警察的逼迫下完成的。大量的失地农民成为城市的流民或外国在阿新农场的农业工人。就在此时,孟山都出现了。在美国政府的牵线下,孟山都公司的"抗农达"(Roundup Ready)大豆和"农达"(Roundup)农药开始全力进军阿根廷市场。1996年,孟山都还获得了在阿独家销售转基因大豆种子的许可证。魔鬼之门自此打开,阿根廷开始了转基因大豆的疯狂种植史。

延伸阅读:绿色革命

　　"绿色革命"有狭义、广义之分。

　　狭义的"绿色革命"是指20世纪60年代印度通过大量使用先进农业技术使粮食产量得到大幅提高的试验和推广运动。这次运动使印度农业发生了巨大的变化。

　　广义的"绿色革命"是在生态学和环境科学理论指导下,人类适应环境,与环境协同发展、和谐共进的一种创造性的文化和运动。

　　具体而言，20世纪，西方发达国家大规模投资农业科学研究，改进农业生产模式，大量使用化肥与农药，使农产品产量突破性地增加。到20世纪下半叶，绝大多数发达国家获得了稳定的食物供应，消除了饥饿的威胁，但广大发展中国家却由于农业基础薄弱和人口剧增，饥饿和营养不良成为普遍现象。特别是在亚洲，包括印度在内的一些国家由于干旱的加剧，日益依赖富裕国家的食品援助。在此情况下，以洛克菲勒基金会和福特基金会为首的国际机构，率先倡导建立了根据发展中国家不同条件、帮助应用"先进农业技术"以提高农产品产量的国际农业合作研究组织，它们首先瞄准发展中国家最主要的两种谷物——小麦和水稻，通过种植改良后的品种，及与化肥、农药、灌溉的大量结合使用，使亚洲及拉丁美洲的谷物产量从20世纪60年代后期开始，在短时间内得到戏剧性的提高。美国开发计划署官员威廉姆斯第一次用"绿色革命"来形容这次农业大发展的情形。

　　大豆的种植原来在阿根廷微不足道，种植面积不到8500公顷，但在改种孟山都大豆并开始实施大规模种植模式之后的短短4年后，也就是2000年，阿根廷大豆种植面积就达到了1000万公顷，2004年又达到1400万公顷以上。阿根廷农业的多样性——玉米地、小麦田和广阔的牧场、林地——被破坏，许多土地被迅速改造成种植单一大豆的农田，原有的农业与牧业轮作，养分得以保护、土质得以维持的生产方式，被大面积机耕和大量使用化肥与农药的"大农业"替代。几十年来，在潘帕斯草原上自由自在游牧成长的牛群被迫圈进美式大型圈养牛栏，以便为利润更为丰厚的大豆生产让路，传统的谷物、小扁豆、豌豆和绿豆田也几乎消失殆尽。阿根廷成了孟山都国家级规模的大豆种植园。

孟山都公司首先采取的是低价供种、高价回收的"商业"模式，目的是诱使阿根廷豆农依赖性地使用其"抗农达"大豆种子。为了扩大市场覆盖率，它甚至对阿境内大肆走私孟山都豆种的行为也视而不见。在孟山都的低成本营销战面前，阿根廷本土种子和化肥公司无力抵抗，将整个市场拱手相让，使孟山都的"抗农达"大豆豆种在短时间内就完全占领阿根廷1400万公顷种豆农地（占阿农业用地的48%，2004年数据），它的"农达"农药也随之成了阿根廷农民的配套必需品，阿根廷终于上了孟山都公司的套。

与此同时，孟山都通过对嘉吉和其他阿本土公司在阿根廷存储、加工、营销、物流等业务的收购以及其后的整合，基本控制了阿根廷大豆的全产业链，阿根廷人能做的仅仅是大豆的种植。在国际大豆市场上，孟山都还通过其背后的洛克菲勒金融帝国，在期货市场上兴风作浪，影响、控制着大豆价格，这使阿根廷人得到的仅仅是种植这一块微薄的利润。而这块收入也因为对"农达"农药不断上升的依赖和使用量的增加而日渐减少。

这还不够，即使是种植这个环节，孟山都也要狠命抽取阿根廷豆农的血汗。这就是它控制阿根廷大豆产业的第三步：收取"延期专利费"！1999年，在大豆事实上成为阿根廷人的主粮，大豆种植收入也成为阿根廷农民的主要收入来源的情况下，在美国政府的支持下，孟山都公司终于亮出了其最险恶的一招：以《保护植物新品种国际公约（UPON）》和《与贸易有关的知识产权协定（TRIPS）》的"国际惯例"为由，要求所有种植孟山都公司大豆的阿根廷农民向其缴纳"延期专利费"！孟山都公司声称，若阿政府仍然拒绝其农民缴费，它将强制在阿大豆的出口市场上进行高收费。果不其然，2004年初，孟山都公司在对阿根廷政府步步紧逼之后宣称，如果阿政府拒绝承认"技术许可费"，它将在阿大豆的进口地诸如美国和欧盟国家强制收取专利费，而这两个地方，孟山都的专利申请都被承认是有效的。这就意味着，如果在这两个阿大豆最重要的出口地被收取专利费，阿大豆出口将受到毁灭性的打击。为了敲山震虎，从2005年开始，孟山都公司在欧盟对阿根廷大豆进口商提起了数起诉讼，要求这些进口商赔偿数以百万美元的"侵权罚金"，理由是他们的进口行为鼓励了阿根廷大豆种植园主对其转基因大豆专利的侵权行为。这场法律上的较量以阿根廷一方的退让达成和解。阿政府被迫成立一个"技术补偿基金"，由豆农在加工环节时提交大豆销售额1%的专利使用费作为基金来源，阿政府再将基金退转给孟山都等公司。依此，阿根廷豆农又被勒上一根经济绳索，孟山都将坐收源源不断的巨大收益。

阿根廷的"农业革命"以第二次"绿色革命"的名义，在孟山都的幕后导演下，权力与资本相互配合，为跨国种子与农业企业的势力扩张提供了强大的支持；而以孟山都为首的跨国粮企以技术进步为幌子，精心布局，疯狂扩张，终于使"洋种子"——"抗农达"大豆种子深深地扎根在阿根廷广袤的土地上，"农达"农药不停地播洒在潘帕斯草原上。伴随着孟山都等跨国粮企市场业绩飙升的，则是超过20万阿根廷破产农民的流落街头，以及阿根廷粮食自给能力的逐步丧失，经济安全、国家主权和人民健康所受到的侵蚀与挑战。显著的例子是，2006年，阿根廷国内出现粮食供应紧张，为了防止粮食危机引发社会骚乱，阿根廷政府被迫与杜邦、孟山都、嘉吉、卡夫等跨国公司合作，开展所谓的"生命蛋白"活动，鼓励阿根廷民众食用转基因大豆及以其为原料的大豆强化食品。由此，转基因大豆正式取代牛奶和肉类蛋白，成为阿根廷民众的主要蛋白质来源。民众的主粮受跨国粮企的主导而发生改变，其所带来的国家主权、经济安全丧失的悲剧，真可谓是对当年梅内姆推动"农业革命"初衷的一个极大讽刺。

二、印度：杀死农民的棉花种子

作为新兴大国之一，印度这些年来可谓是风光无限，政局基本稳定，经济高速发展，军事实力剧增，国际形象改善，大有与中国相比后来者居上的意味。

但印度的农业迎来的却是双重悲剧。一方面大多数农民靠天吃饭，过着朝不保夕的日子，贫困率极高；另一方面由于粮食难以自给，印度通货膨胀率超过两位数，人民承受着食品价格高涨的压力。问题已是如此严重，以至于印度总理辛格呼吁第二次"绿色革命"，"将粮食短缺的幽灵再次从地平线赶走"。

最近传出的消息是，有将近20万的农民在最近几年走上了自杀之路！

人们首先直指印度政府的不作为。20世纪通过"绿色革命"，印度引进了高产的小麦和水稻，推广了灌溉设施、化肥和杀虫剂的使用，将西北部地区变成举世闻名的印度粮仓。但自20世纪80年代以来，印度政府再没有扩大灌溉面积，没有拓展农民获得贷款的渠道，也没有推动农业科技研究，一切都停留在以前那个水平，甚至比以前还要糟糕。设在新德里的印度政策选择研究中心在分析了政府的数据后宣称，从1980年到2002年，印度政府对农业方面的公共开支大约减少了1/3。这样，日渐凋敝的印度农村与飞速发展的都市形成了鲜明的对比，由于贫困和难以获得援助，印度农村家庭走向破产的比比皆是。这是众多农民走上自杀之路的重要原因。

人们把愤怒的目光投向孟山都，投向这家"耕耘"印度农业进入、千家万户的跨国种子与农业企业：是它用棉花种子杀死了这些农民！

孟山都公司自然不会认账，那些被孟山都收买了的印度官员以及靠贩卖、推销孟山都的种子、农药、化肥和经营高利贷的印度商人们也"痛心疾首"地矢口否认。但事实又是怎样的呢？

安尼尔·施安德是印度重要的棉花产地——马哈拉施特拉邦的维达尔巴地区（Vidarbha）的一位棉农。因为村里的种子销售点只有孟山都的转基因种子销售，所以2006年，施安德从国家银行获得贷款，尝试种植孟山都公司的转基因棉花"宝嘉德"，总共种了140英亩。由于气候干旱且缺乏灌溉，2009年，施安德的棉花歉收，他无法按时偿还贷款，因而次年他的贷款申请被拒绝了。由于土地已经种植过转基因棉花，"变质"后的土地让他已经无法再种回传统的印度棉花了。施安德只好转向私人高利贷者，借得高利贷继续购买"宝嘉德"棉种。第二年，气候条件还不错，但随之而来的红铃虫的侵扰使施安德的棉花再次歉收。他将棉花送往棉花交易市场，收购商以转基因棉花的纤维长度比传统棉花的短为由，降低了收购价格。从收购站回到家的施安德面对着 6 万卢比的债务，选择了自我了断的方式告别了他作为棉农的一生。

安尼尔·施安德的故事并非孤例，维达尔巴地区的棉农身上几乎都背负着沉重的债务。"2002 年 104 起，2003 年 148 起，2004 年 447 起，2005 年 445 起，2006 年 1448 起，2007 年 1246 起，2008 年 1267 起。"这是马哈拉施特拉邦的一组官方统计的棉农自杀数据。数据显示，随着孟山都转基因棉花的逐步普及，棉农自杀人数也逐年上升，从 2006 年起，几乎是每 8 小时就有 1 人自杀。但附近的贾哈塔基和雅瓦塔摩两个地区，由于农民主要从事有机农作物的种植，而不是种植棉花，在将近 20 个村庄的 500 个家庭中，没有一个人自杀。很显然，棉农的自杀与孟山都的转基因棉种有密切的关系。因为债务缠身而饱受饥饿和贫困之苦的数万棉农终于团结起来，他们走上街头，愤怒抗议政府的失职和孟山都的贪婪！

和在阿根廷控制大豆生产链、价值链相同的是，孟山都公司在印度实现 80% 以上的棉花种子市场占有率，是在迎合印度政府的需求，在印度科研机构与企业以及深入田间地头的种子经销商们的密切配合下实现的。只是在印度的"营销"比在阿根廷来得更为"合法"、更为市场化而已。

事情的原委是这样的。

印度虽然是个农业大国，70% 的人口都从事农业生产，但印度的农业却存在先天不足、后天乏力的情况。因为印度属于热带季风气候，降水季节性明显，全国 2/3 以上的土地属于半干旱状态，全国可用于耕种的 1.6 亿公顷农地中，缺水、缺肥严重，再加上农业生产机械化程度低、病虫害严重，印度的农业生产率长期处于较低的水平。受过"绿色革命"洗礼的印度政府，在无力增加对基础设施投资的情况下，将填饱印度百姓肚子的希望寄托在以转基因技术为主的所谓现代生物科技上，希望通过基因工程研究，培育出"用水更少、抗旱、抗虫害、营养价值和产量更高、对环境也无害"的新作物。印度"绿色革命之父"、著名科学家斯瓦米纳坦博士坦言："应合理利用转基因技术，提高印度粮食和其他农作物的产量和数量。"印度政府为此大力提高转基因技术的推广与应用，对跨国粮企进入印度进行投资开发持欢迎态度。

孟山都敏锐地抓住了印度政府的想法，自20世纪90年代就大举进入印度农业领域，在采取种种非正当手段赢得印度政府相关管理人士的认同，取得进入和打开印度市场的诸多便利之后，孟山都加快了其本土化的步伐。一是它以印度子公司的名义申请开展转基因棉花的种植实验，并在2002年获得批准，使它能在印度全境销售其转基因棉花"保铃棉"（Bollgard）的棉种；二是它采取开办独资子公司，以及与本地公司合作等形式，在印度主要棉产区建立了深入田间地头的销售与服务网络，打通了涉及棉花种子、化肥、农药、小额信贷、棉花收购与加工在内的产业链各个环节，形成了强大的市场控制力；三是它在印度全境展开铺天盖地、深入人心的广告宣传，如为了获得广大印度妇女的认同，它打出"孟山都的种子不仅可以实现高产还能节省劳力，你将有更多的时间照顾家人"等广告；它还不惜重金聘请宝莱坞明星为其广告代言，利用印度神话中的神猴Hanuman和锡克教创始人Guru Nanak的形象进行广告宣传。它的广告极具煽动力，如"不管白天还是黑夜，保铃棉每天24小时保护你"、"用保铃棉种子，杀虫剂使用更少，产量还更高！"、"宝嘉德，不用杀虫剂，让你收益更高！"等。不停的广告轰炸，使孟山都的"保铃棉""宝嘉德"棉种深入印度百万棉农的心中、地头，印度本土的棉种很快被这些转基因棉种取代。根据2009年的统计，印度国内种植的棉花中，使用孟山都棉种的棉花种植面积已经达到760万公顷，占印度全国棉花种植总面积的81%！孟山都由此实现了对印度棉花种植业的全面控制。

孟山都转基因棉花的种植使印度由棉花进口国成为世界上第二大棉花出口国，它在给印度带来这一虚名的同时，也给孟山都公司以钵满盆满的收益。但这种格局对印度农业特别是棉农产生的负面影响已经开始显现。主要体现在：一是现在的印度棉农在购买棉花种子时已经没有任何选择，只能购买孟山都公司的转基因棉种。因为印度国内较有实力的种子公司和经销商或者已经被孟山都收购，或者已经与孟山都建立了合作关系，它们结成紧密的利益共同体，形成印度的种子市场只能购买到一个生产商的种子——孟山都公司的系列棉花种子的局面。前面所讲的棉农施安德想转换种植印度传统棉花而不得其种的经历即是一个生动的例子。二是与传统的印度棉种相比，孟山都的转基因棉花种子虽然具有抗虫性，但由于其不具抗旱的特性，难以适应印度的气候，而由此带来的最直接问题就是，在气候异常的年份，转基因棉花很容易歉收、绝收，棉农遭受直接的损失。棉农施安德种植的"宝嘉德"就是这样一种不耐旱的棉花，它致使施安德在旱灾来临、无力灌溉之际棉花减产，走上被迫背负高利贷种棉的不归之路。三是孟山都转基因棉花的抗虫特性也面临着挑战。孟山都公司已经发表声明，承认其所生产的 Bt 棉花（"保铃棉"和"宝嘉德"均是所谓抗虫的 Bt 棉花）未能有效防治古吉拉特等四个印度棉花生产邦的害虫红铃虫——正是这种红铃虫最后导致棉农施安德的破产和自杀——实际上，早在 2001 年，印度就有科学家发现，孟山都转基因棉花还有一个致命弱点，"保铃棉"十分容易感染"丝核菌"病毒。这种病毒具有极强的传染性，除了同片的转基因棉花容易受到感染外，附近地区种植的传统棉花也会受其传染，导致棉花的歉收、绝收。四是由于孟山都对棉种和相应农药的高度垄断，印度棉农不得不用比传统棉种价格高出 4 倍的价钱购买转基因种子（一袋传统的 450 克棉花种子是 450 卢比，而孟山都相同规格的产品则要花费 1850 卢比），棉农们还要花费大量的金钱购买配套的化肥和农药，孟山都"Bt 棉花减少 70% 的杀虫剂使用，并将产量提高 30%"的诺言成了一个赤裸裸的谎言！

孟山都在印度是成功的，它的成功正是建立在像施安德这样的普通印度棉农的尸骨之上的！

印度政府已经逐渐认识到它放开孟山都等的转基因种子进入印度农业的恶果。面对孟山都在玉米、蔬菜等领域咄咄逼人的转基因种子攻势，它已经开始睁开警惕的眼睛，筑起保护的堤坝，拿起法律的武器与孟山都开始斗争。2011年举世瞩目的孟山都"转基因茄子"之争，就已经表明了印度人民的觉醒和态度。

但对于像施安德这样无辜殒命的20万印度普通农民而言，印度政府此时的觉醒是不是太晚了一点呢？

第二节　种子市场：不可不争、不可失败之争

从阿根廷和印度的"孟山都经验"得到警醒的，不应该仅仅是这两个国家的政府和人民，世界上所有的发展中国家特别是我们中国都应该从中学到经验、得到教训。在一个日渐开放的市场环境下，面对跨国种子企业咄咄逼人的攻势，我们应该确立什么样的政策目标、制定什么样的游戏规则、怎样去练好内功以迎接跨国种子企业的挑战，确保我们的种子安全、粮食安全、经济安全，不使阿根廷、印度的悲剧在中国重演？

一、抢滩中国：孟山都们不遗余力

做种子挣钱，"地球人都知道"。一般而言，大田作物种子的毛利率为15%～30%，蔬菜、花卉等作物种子的毛利率更在50%以上。一克种子一克金，这在种子行业并不是神话。

而中国种子市场到底有多大？根据中国农业部的统计与预测，2009年中国种子市场整体规模已经达到394.1亿元人民币（其中玉米种子119.2亿元，水稻种子81.4亿元，小麦种子61亿元，蔬菜种子85.3亿元，棉花种子23.3亿元，油菜种子10.9亿元，其他种子13亿元），中国种业潜在的市场规模将会超过800亿元人民币。中国很可能将取代美国成为世界上最大的种子消费国。

这是一个远比印度、阿根廷都要大得多的市场。"蛋糕"如此之大，怎能不让人垂涎欲滴？雄心勃勃的跨国种业公司自然闻香而来、蜂拥而至。

（一）精心布局，跨国种业公司投资中国总动员

早在20世纪80年代的改革开放初期，一些眼光敏锐的跨国种业公司

就已经开始进入中国，它们向中国派驻科研与管理人员，建立自己的实验站，以熟悉中国的土壤和气候，为今后中国种子市场的开放预做准备。如1996年，孟山都公司即与河北省农业厅下属的河北种子站以及岱字棉公司合作，在河北成立了名为冀岱的生物技术合资企业；1998年，孟山都在安徽成立其在中国的第二个生物技术合作企业——安徽安岱棉种技术有限公司；同年，瑞士先正达海外公司与山东省寿光市合作，在寿光成立了当地第一家中外合作种子企业——寿光先正达种子公司，并建立相应的实验站；以色列海泽拉种业公司同年也在寿光建立实验站，试验培育适合中国市场的蔬菜新品种。

2000年中国《种子法》的颁布，标志着中国的种子行业开始向市场化方向发展，国内种业公司风起云涌，而跨国种业公司也进入与中国种业公司成立合资公司的投资中国种业第二阶段。多数外国种业公司以蔬菜和花卉种子为突破口进入中国，比如泰国正大集团、美国好乐种子公司、荷兰纽内姆种业公司、荷兰瑞克斯旺公司、以色列海泽拉种业公司、美国杜邦公司、美国圣尼斯公司、瑞士先正达公司、法国利马格兰公司、德国KWS公司等跨国种业公司，它们纷纷在华建立蔬菜或花卉种子试验站、办事处或者直接设立合资公司。像孟山都、杜邦先锋这些"目光远大"也更为雄心勃勃的跨国种业巨头，直接瞄准了中国的大田作物种子市场。2002年，山东登海先锋种业有限公司成为《种子法》实施以来成立的首家合资企业，登海种业和杜邦先锋分别拥有51%和49%的股份。此后，在2006年，先锋又与敦煌种业成立合资公司。至此，东北、华北、京津冀、黄淮海、西北、西南等六个国内主要玉米产区中，先锋公司均已完成布局。到目前为止，共有35家跨国种业公司在中国注册并与中国种企成立合资公司，在国内排名前10位的种业公司中，隆平高科、敦煌种业、登海种业、山西屯玉等几乎都有外资公司的"身影"。孟山都、先正达、杜邦先锋、利马格兰等国际种业巨头已在不知不觉中悄然"潜伏"，实现对中国种业的全面布局。

延伸阅读:《中华人民共和国种子法》

2000 年 7 月 8 日，第九届全国人大常务委员会第十六次会议通过了《中华人民共和国种子法》，并于 2004 年 8 月 28 日进行了修正。

这部法律是在中国加入世界贸易组织后，为应对变化了的国内外经济贸易环境，特别是中国种子市场的发展变化而制定通过的。旨在保护和合理利用种质资源，规范品种选育和种子生产、经营、使用行为，维护品种选育者和种子生产者、经营者、使用者的合法权益，提高种子质量水平，推动种子产业化，促进种植业和林业的发展。

这部法律对中国种质资源保护，品种的选育与审定，种子的生产、经营、使用、质量、进出口和对外合作、行政管理及法律责任等事项进行了明确的界定。这部法律及其之后的配套法规，明确了多种经济主体包括外资企业进入中国种业投资、经营、种质资源保护与开发等事宜的原则办法。

值得注意的是，虽然这些跨国种业公司进入中国采取的都是与中国企业合资的形式，其持股还有不超过 49% 的限制，但尴尬的是，几乎所有的合资公司实际上都是由外资控制。名义上是中资控股，但核心技术、高层管理权力等基本掌控在外资手中。讽刺的是，杜邦先锋公司虽然只在其参股的合资公司中占 49% 的股份，但正因为它掌握了众多合资公司的 49%，使它成为中国玉米种业事实上的最大持股者之一，分享着中国玉米种子市场的第二大份额。

（二）利器出击：可怕的"先玉 335"

在完成产业布局的过程中，跨国种业公司开始锋芒毕露，展现出它们在资金、技术、营销以及服务方面的尖牙利齿，大举向中国种子市场发起进攻。

它们有实力在中国种子市场上"攻城略地"。

从19世纪50年代开始，欧美国家就开始建立规范的种子管理和发展战略。经过两百多年的发展，它们的种业公司已经基本形成一整套成熟、完善的运行机制和产业链条，呈现出以下五大发展趋势：一是生产标准化，投入程序化，种子质量高质量化；二是公司运营规模化、集团化，通过近十年的收购、兼并和发展，孟山都、杜邦先锋等欧美大型种业公司均已建立自己独立的种子研究、开发、生产和销售、服务体系，并实现对全球种业的基本垄断；三是资本运作全球化、多元化；四是技术研究集约化，知识产权垄断化，实现了种子科研投资与育种成果回报之间的良性循环；五是品牌形象国际化，销售体系完美化。有了这一些"化"，它们的经营效益自然也实现了最大化。

这些欧美种业巨头在科研经费上投入巨大，2008年，中国5家上市种业公司年销售总额为28亿元人民币，这仅相当于美国杜邦先锋公司当年的研发投入；而正是在这样巨大的科研投入带动下，杜邦先锋公司2008年实现的销售收入就达到33亿美元。有这样强大的实力做后盾，跨国种业公司推出的产品——品质优良、发挥稳定的种子，自然会很快得到市场的认同甚至追捧。

跨国种业公司已经这样控制了中国蔬菜种子市场！

2009年，中国科学技术发展战略研究院和国务院发展研究中心联合提交的一份调查报告显示，中国现阶段50%以上的高档蔬菜种子均是从国外进口的，进口种子比国内本土种子的价格高出十倍甚至几十倍。其中，在寿光这个全国最大的蔬菜基地，彩椒、小西红柿、无刺黄瓜等品种的国外种子已经占到100%的市场份额！

蔬菜种子市场已经"沦陷"，下一步会不会是小麦、水稻、玉米这些大田作物？

是的，至少美国先锋公司已经有了这样的撒手锏——"先玉335"！

2000年以来，包括先锋在内的跨国种业公司提交给中国农业部审定的玉米品种总共有 84 个，"先玉 335"只是其中的一个。这 84 个玉米品种，相对于国内每年动不动就上百个提交审定的玉米品种而言在数量上并不算多。但就这一个"先玉 335"，却在 2004 年通过国家审定，正式进入中国市场销售后的短短几年（主要是在 2008 年开始发力），迅速成为中国玉米种子的当家品种，市场占有率稳居全国第二。

"先玉 335"在玉米种子市场上的冲击力，源自它优良的品质和先进的营销策略。它不仅产量高、米质好、抗倒伏、脱水快、水分少、抗病能力强，出芽率更是高达 95%（国内优良的玉米品种出芽率只能接近 90%，使得农民播种相同亩数的玉米，如果用国内其他玉米品种，需要播撒的种子要多出"先玉 335"许多），因而大受农民欢迎。更重要的是，先锋公司依托合资公司在中国六大玉米主产区建立的售后服务网络，不仅能对种子使用者（也就是玉米生产者）提供全程跟踪服务，而且还能主动帮助他们开拓销售市场，使种子使用者感觉到真正贴心的服务，品牌忠诚度大增。正因为经销"先玉 335"毛利率高达 50% 以上（种植面积排名第一的国内自育玉米品种"郑单 958"毛利率只有 24%），上市公司登海种业和敦煌种业获利能力突出，一直是中国 A 股市场的宠儿。由此也可以想见，美国先锋公司单是在这个玉米品种上获利该是多少！

先锋公司不止有这一个"先玉 335"，跨国种业公司中也不仅有先锋公司这一家。孟山都们个个都有它们征服中国种子市场的锐器，由一个"先玉 335"搅起来的市场风暴也只是孟山都们进入中国开疆拓土的序幕。

中国本土种子企业，你们准备好了吗？

二、艰难应战：中国种子企业寻求突围

（一）站在国家粮食安全的战略高度应对跨国种业公司的挑战

我们倒回来看看种子的重要性。

种子是粮食生产的先导。农业生产的每一次重大突破和跨越都是以良

种革命作为先导的。如中国水稻生产历史中经历的"高秆改低秆""常规改杂交"两次革命，实际上都是由水稻种子革命所带来的。未来世界农产品的竞争实质上都会是以种子为核心的竞争。

种子是粮食生产的基础。"春播一粒粟，秋收万颗籽"，种子是不可取代的农业生产资料，它决定了作物的品质和产量。种子不好，水、肥、土等外在因素再好也没有用。种子正是哲学上经常讲的"内因"，它是农业生产的决定性因素。

种子是农业科技的载体。从有性杂交、系谱选育再到分子育种，品种改良技术正在不断地助力中国高效农业的发展。中国农业科技对农业增产的贡献率达 50%，而这种作用主要是通过品种改良实现的。

种子是缓解人多地少矛盾的关键。随着中国城镇化、工业化的推进和人口的增长，粮食消费持续增加，但农业用地不断减少，人多地少的矛盾日益突出。根据联合国粮农组织的研究，未来粮食总产增长的 20% 依靠耕地面积的增加，80% 依赖于单产水平的提高，而单产水平提高的 60% ~ 80% 又来源于良种的科技进步。通过选配、推广高优种子，借此提高单产，成了破解上述矛盾的有效方法。"杂交水稻之父"袁隆平选育的超级杂交水稻，比常规水稻增产 15% ~ 30%，创造了在占世界 7% 的土地上养活 22% 人口的奇迹。

种子重要，种子得安全。

影响种子安全的因素很多。一是在种子的总量上是否足够、品种上是否配套，也就是说，种子在数量和结构上是否安全；二是要确保农民买到的不是假种子，也就是说，种子在质量上能得到保证；三是种子市场是否竞争有序，而不是乱象丛生；四是作为一个产业，是否牢牢掌握在民族企业的手里；五是种子生产、运营体系是否完备，能否靠此确保种子行业的正常有序发展。这些都是种子安全的应有之义。

但站在国家粮食安全的战略高度看待种子安全时，我们关注的是中国种子的产业安全。必须正视跨国种业公司以种质资源保护开发、技术创新协作、经营资本注入等形式抢滩中国种业、危及中国民族种业生存与发展的现实威胁。国家农业管理部门应积极主动地研究应对策略，采取有效措施，在农业市场化和对外开放的环境下，依法保护和合理利用本国的种质资源，大力扶持民族种业，不断增强民族种业的竞争力，确保中国粮食安全。

（二）保护中前行：关键还是要练好"内功"

中国的种子产业安全吗？中国种业会不会出现阿根廷大豆、印度棉花那样的灾难性情形，抑或是别的什么恶劣情形？这个问题得问问我们自己的政府和我们自己的种业公司、种业人。

我们心怀忐忑。

自2000年《种子法》颁布以来，计划经济时代国有种子企业垄断种子生产与经营的状况被彻底打破，中国种业呈现出快速发展的势头。但十来年下来，中国种业综合实力依然不强，"杂、多、乱、小、散"现象突出。全国现有种子经营持证企业近8700家，有效经营区域为全国范围的育、繁、加、销一体化的大型种业公司不足80家，手握自主品牌品种的企业仅有100余家，而经营不再分装种子的私营代销店多达10万家，全国最大的种子企业的销售收入不及种业总体销售额的3%，种业公司前20强的销售额加起来还不如美国的一个孟山都公司……

除在种子分销环节的弱势外，在研发这一核心环节上，中国国内的种业公司亦是脆弱不堪。东北农业大学教授金益曾说："大部分种子企业都不具备科研能力；稍有实力的，就向科研单位购买专利；剩下的，则不是仿冒就是套牌。"我们拥有科研能力的种业公司不到总数的1.5%；科研经费占销售收入比多的只有不到5%，少的甚至不到1%，低于国际公认的"死亡线"。丰乐种业、登海种业、敦煌种业、隆平高科、万向德农是我国5家实力较为居前的种业公司，它们2009年在研发上的投入总额仅有4400万元人民币，孟山都一家同年的研发投入就是这个数字的152倍。

在人才使用上，跨国种业公司以其丰厚的报酬吸引了众多高素质的研发与营销人才。负责"先玉335"系列种子研发的先锋公司铁岭分公司，其研发人员的学历不低于博士学位，研发人员的收入更是高得吓人，而在国内种业公司，人才的培养、待遇等均远没有跨国种业有竞争力。

除在企业规模、资金实力、研发能力、人才使用等方面难望他人项背之外，中国种业在管理体制、组织架构等方面也存在先天的劣势。中国种业"产学研"脱节严重，国内种企未能建立起自己独立的研发体系，良种研发有一定国际优势和核心成果的科研院所，又因为资金、人才、管理上的捉襟见肘，难以将科研成果顺利转化为生产力。此外，前些年，中国种子市场频传"假种子"案、农民因此绝收的消息，近年来，名牌种子屡被"套牌"、"套收"，严重侵犯了种子研发者的知识产权和经济利益，沉重打击了他们开展种子研发的积极性。特别典型的事例是，2011年，刚开始有异军突起之势、能与"先玉335"一较高下的玉米良种"吉祥1号"，走上市场不到两年，其种子就被套牌生产80%以上，让该品种研发人无可奈何。

就这样，弱小的中国种业公司、落后的种业体制、混乱的市场体系，致使中国民族种业在跨国种业公司的攻势面前节节败退，无法形成有效的抵抗。

（三）种子安全：需要做的还有很多

中国种业的濒危状况引起中央和国家有关部门的高度重视。经过多番调研，2011年4月18日，国务院发布了《关于加快推进现代农作物种业发展的意见》（以下简称《意见》）。《意见》除明确支持国内优势种子企业开拓国内外市场外，也明确要规范外资在中国从事种质资源搜集、品种研发、经营和贸易行为，同时要对外资并购境内种子企业进行安全审查工作。按照《意见》要求，农业部牵头推出了《现代农作物种业发展规划（2011～2020）》（以下简称《规划》）。在涉及外资在华投资部分，《规划》提出，5～10年内，中国仍然坚持只允许外资种子企业以参股中外合资企业的方式生产运营，且该类企业的外资持股比例必须低于50%；另外，之前部分合资企业由外资独自掌控研发中心的局面也必须终结，改为由合资企业双方"共同管理"。除此之外，"2011版外商投资产业指导目录"对外资并购中国种子企业的安全审查要求将更加严格，对外资在中国从事种质资源搜集、品种研发、种子生产、经营和贸易等行为也将严格规范。

行进十年，中国种业终于迎来自觉、自醒、自强的新时代。

需要做的事情还有很多。张家华、郑安俭等学者提出了系统性的建议：

一是提高对国内种业核心领域的保护力度，在WTO规则框架内进一步提高外资准入门槛，控制外资种业公司在我国实施合资并购的速度和规模。包括：（1）对"外商投资农业领域目录"进行重新审核，对一些敏感性种子品种严格控制外资准入；（2）充分利用WTO农业协议特殊保障条款和对发展中国家的保障规定，保护国内核心种业（如一些敏感性种子的研发、生产和推广等）的国产化发展；（3）依据《种子法》《外商投资保护法》等相关法律法规对以合资形式进入我国种业核心领域的投资比例进行严格控制和监管，对外资种业公司的并购行为进行严格的技术化的行政调控；（4）适时、合理运用国际《反倾销法》和《反不正当竞争法》控制外资种业进入我国种业核心领域，并通过合理实用的关税结构调节外资进入的速度和规模。

二是建立国家种业保护与发展协调联动机制，以专门负责制定国家种业保护与发展长远规划，并根据国内外种业发展变化情况定期组织相关部门召开联席会议，研究解决种业保护与发展过程中遇到的各种问题，提出解决办法，落实相关责任，检查监管效果。

三是加强种子质量管理体系和认证制度建设。（1）采取ISO9000标准建立全国性的种子质量管理体系，强调全员质量意识，对种子研发、生产、销售各环节的全过程进行封闭管理，预防在先，层层把关，从"根"和"源"上保证种子过硬的质量；（2）修改《关于开展种子质量认证试点工作的通知》（1996年），将种子质量的自愿认证改为强制认证，确保种子质量，实现"一颗种子一颗苗"。

四是多措并举，扶持国内种子企业做大做强。（1）引导、推动国内种子企业向专业化生产、一体化经营方向转变;(2)组织国内种子企业以"抱团作战"、重点突破的方式与外资公司抗衡,集中资源优势在某一作物类别或品种上打造与外资企业国际层面的竞争能力;(3)增加对敏感性种子品种研发的国家投入,推动国内种子企业尽快建立起自主创新的长效价值链;(4)建立扶持民族种业发展的社会化综合服务与保障体系,包括由政府主导建立民族种业发展联盟、广泛开展民族品牌宣传、建立国内种业风险保障机制和国内种业金融风险对冲机制等;(5)为国内龙头种子企业主动实施国际化发展战略创造必要的条件,培育出一至两个具有国际性影响和实力的种子企业集团。

第三节　转基因：一个绕不过去的种子安全问题

一、笼罩在"先玉335"头上的转基因疑云

2010年下半年，中国社会上广泛流传，在山西、吉林、黑龙江等地出现大老鼠消失、母猪死胎率增高、农户家养的狗患有肝腹水或者肾腹水等动物异常现象。而当地的一些农民将怀疑对象直指"先玉335"——这个由美国先锋公司研发、在中国已位居种植面积总量第二的玉米"良种"。"'先玉335'是转基因玉米"，这样的传言不胫而走。

对传言形成佐证的是，2010年中国农业部向市场推荐的26个玉米主导品种中，没有"先玉335"的影子。而这个品种的玉米被国内种业专家们一致推崇为头号高产玉米，它没被推荐，被认为"'先玉335'是转基因玉米"的传言被官方认可了。

后来的调查对传言进行了证伪。

2011年4月，国家农业部、科技部、卫生部、环保部和质检总局等五部委组成联合调查组，赴山西、黑龙江、吉林、山东、广东等多个省份进行了转基因生物安全专项调查。调查针对的对象就是"先玉335"。调查的结论是："先玉335"不含有转基因成分。

传言被澄清，但笼罩在中国种子行业上的转基因疑云并没有因此散去。有专家直指，此次调查只公布调查结论，但没有针对专家提出的技术上的相关质疑给出合理的解释和实据。在这些专家眼中，"先玉335"并没有摆脱转基因的干系。

更耐人寻味的是，2010年12月，农业部发布文件，明确要求自发文满一年起，美国孟山都公司所属的"迪卡1号"、"迪卡3号"两个玉米品种，以及"登海3686"、"中农大236号"、"中农大4号"等25个玉米品种彻底退出市场。《经济观察报》2011年4月4日的报道称，一位了解情况的

人士说:"退出市场,不会说因为它是转基因品种。会用别的原因,比如'到期',或者干脆没有原因。⋯⋯但凡有一个原因可以拿出来用,也绝对不会用'转基因'。比如'限制外资'和'转基因'两个原因,那一定会选前者。"

而据《21世纪经济报道》的《"先玉335"被放行》一文报道,前述的三个中国国产玉米品种以及"铁研124号"都因为是"违规商业化的转基因玉米品种"而被勒令退出市场。

为什么转基因如此敏感?——只因为转基因在中国乃至全世界争议太多!别忘了,孟山都们在阿根廷销售的大豆种子、在印度销售的棉花种子都是转基因的!

二、转基因的前世今生

转基因的历史说起来并不长。1983年,人类第一次在烟草身上试验了转基因技术,生产出了第一批转基因烟草。此后,转基因技术在西方国家特别是美国蓬勃发展,美国在1996年开始了转基因作物的商业化种植。进入21世纪,转基因技术研究范围不断扩大,到2009年,已经涉及35个植物科属的五十多个物种,共有一百二十多种植物;研究内容包括抗虫、抗病、品质改良等;大面积商业推广的转基因作物品种主要有大豆、玉米、棉花、小麦、水稻和油菜。由于对大豆的转基因研究较早,技术更为成熟,所以其推广面积一直大于棉花等作物。近年来由于生物燃料的大规模生产,转基因玉米、甘蔗、甜菜等的商业化种植面积也上升得非常快。截至2009年底,全球共有25个国家种植了转基因作物,25个国家中,美洲最多,达12个,欧洲6个,亚洲和非洲各3个,大洋洲1个。据国际农业生物技术应用服务组织(ISAAA)的资料统计,1996～2009年,转基因作物种植呈79倍的超速发展,累计种植面积达到10亿公顷(2009年种植面积达1.34亿公顷),1996～2008年累计收益为519亿美元(其中发达国家 258 亿美元、发展中国家 261 亿美元）。按 ISAAA 的观点，转基因作物的持续推广显示了转基因技术在农业生产中的巨大优势，也表明了全球数以百万计的农户从转基因作物的种植中得到了实实在在的好处。

延伸阅读：转基因技术

转基因技术是建立在人们对基因——生物记录和传递遗传信息的基本单位——认识的深入，并对其拥有了人工分离和修饰能力之后才发展起来的。它的基本原理是把一种生物的基因片段分离出来，合成可以植入植株体内的新的基因构建，然后利用载有该基因构建的细菌或者基因枪把成千上万的基因构建植入植物的细胞核内，再将这种带有新基因构建的细胞植入其他植物体，从而繁衍出具有特殊生物特性的转基因植物。

目前，全世界 80% 以上的转基因作物品种和技术出自美国的孟山都、杜邦先锋，德国的拜耳等五大生物、化学跨国公司。知识产权的保护为这些公司带来了多项关于转基因方法、作物和种子的专利权，而其凭借所拥有的专利权对转基因农产品市场形成了垄断。

中国的基因作物改良研究起步于 20 世纪 80 年代，该项目得到了国家重点科技攻关项目基金的支持。经过二十多年的发展，中国已初步形成了从基础研究到产品研发的较为完整的技术体系，在发展中国家居于领先地位，水稻、棉花领域的转基因研究达到国际先进水平。目前，中国研发的转基因作物品种已经达到四十多种，主要作物为水稻、棉花、小麦、玉米、油菜等，用于遗传转化的目的基因种类达到一百多种，以编码抗病虫害、抗逆、品质改良等基因为主。20 世纪 90 年代以来，针对中国棉花主产区虫灾连年爆发且常规防治手段效果不彰的情况，国家适时启动了抗虫棉的研发与推广，大大提升了中国农业生物技术研究水平。此项技术的运用被认为有效防止了棉铃虫对棉花、玉米、大豆等作物的危害，减少了农药使用，保护了生态环境，给社会带来了巨大的经济与生态效益。

三、转基因争议：正方反方针锋相对

如果简单地以支持转基因作物商业化的为正方，以反对者为反方的话，正反方在转基因所涉及的食品安全、生态安全、国家粮食安全以及社会伦理等方面都形成针尖对麦芒，势不两立之态。

在转基因食品是否安全的问题上，反方认为，（一）转基因将破坏细胞内的 DNA，同时也无法确定基因构建在基因长链中的具体位置，因而基因改造所带来的结果是无法完全控制的。英国普兹泰教授所做的转基因土豆试验、巴西坚果事件等经常被用作反方的例证。（二）由于转基因食品商业化的时间较短，依靠现有的科技水平，尚未证实食用转基因食品不会对人体造成不可预测的伤害。"现在安全，并不代表几十年以后安全，不能保证绝对安全就是拿人当小白鼠。"美国、日本、欧盟都禁止将它们的主粮如小麦等进行商业化种植，这在一个方面佐证着反方的观点。而正方主要援引世界卫生组织、联合国粮农组织、欧盟委员会等的相关文件表明转基因食品的安全性。他们质疑普兹泰教授的转基因土豆试验、巴西坚果事件等的真实性和可靠性。对欧美国家禁止食用转基因食品一说更是直接斥之为谣言，称美国种植的 88% 的玉米、94% 的大豆都是转基因品种；欧盟的 23 种转基因玉米、3 种转基因油菜、1 种转基因土豆、3 种转基因大豆、1 种转基因甜菜都用于食用；日本是全球最大的玉米进口国、第三大大豆进口国，其中大部分是转基因品种。正方还言之凿凿：转基因技术转入的是我们透彻了解的特定基因，而且采用了更精确的技术和更严格的管理，因此它们可能甚至比常规作物所制作的食品更安全。

在转基因植物是否会影响生态安全问题上，反方认为，转基因技术创造的外来物种进入自然环境中会导致生态灾难和环境危险。它们通过风媒

和虫媒的作用，会同野生亲缘植物自然杂交，将对自然植物群落产生严重影响，而这将对生态安全带来风险。比如，已俘获了抗除草剂基因的杂草不再可能被清除，其对环境的适应性和生存竞争能力得到了增强，害虫种类交替抗性因素得到进化，进而威胁生物的多样性、破坏生态平衡。反方最常援引的一个例子是，来自美国广播公司的一篇电视报道称，在美国阿肯色州一片 100 万英亩的转基因大豆和棉花地中，转基因作物的基因飘移到了普通杂草身上，导致原来的普通杂草同样具有了抗除草剂的特性，即使喷洒再多的"章甘腾除草剂"也是徒劳的。这种杂草根系发达，可以长到七八英尺高，耐高温和长期干旱，联合收割机和手工工具对它都无能为力，它们成了所种大豆和棉花养分的强有力争夺者。而正方则强调，转基因抗病虫害等特性可以极大地减少农业除草剂和农药的使用，进而缓解滥用农药对水资源和土壤的破坏，更好地保护生态环境。

延伸阅读：湖南"黄金大米"事件

2012 年 8 月 30 日，国际 NGO 绿色和平组织向媒体表示，由美国塔夫茨大学的唐广文教授领导的一个科研小组近日发布了其对 24 名中国湖南省儿童进行转基因大米人体试验的结果。该项研究旨在检验美国先正达公司研制的转基因"黄金大米"对补充人体维生素 A 的作用。绿色和平组织说，美国的这项研究共选取了 72 名 6～8 岁的健康儿童，受试儿童全部是湖南省衡阳市一所小学的学生。研究者令其中 24 名儿童在 21 天的时间里每日午餐进食 60 克"黄金大米"，并对其体内维生素 A 含量进行检测，得出的结论是"黄金大米"与维生素 A 胶囊效果相当。

"黄金大米"事件在中国引起轩然大波。相关的湖南省衡阳市当地政府、湖南省疾控中心及中国疾控中心相关研究人员先后给出不同解释，使事件变得更加扑朔迷离。人们围绕该试验是否获得中国权威部门伦理审核、参与试验的孩子和家长是否被告知真实情况、是否存在政府欺瞒和学术诈骗等进行了激烈争论，相关当事单位和个人受到了舆论界和网络的口诛笔伐。

事件以中国疾控中心声明没有批准此项试验及对相关研究人员进行停职处分告一段落，但人们对转基因粮食在中国的敏感程度又有了新的认识。

在转基因作物商业化推广会否影响国家粮食安全问题上，反方认为，在目前的产业格局和知识产权格局下，转基因作物的商业化将危及中国的种业安全，进而危及中国的粮食安全。主要体现在：（一）相对于中国种业的"杂、多、乱、小、散"，跨国种业公司高度集中，实力强大，且在中国"潜伏"多年，一旦中国放开转基因作物的商业化，它们将一举占领中国的种子市场，形成垄断性局面，对中国种子行业釜底抽薪，损害中国的粮食主权与安全；（二）虽然目前中国在水稻、棉花等的转基因作物研究上处于较高水平，但中国处于转基因研究领域"知识产权陷阱边缘"，一旦中国的转基因作物投入商业化种植，孟山都、先锋等跨国种业公司将坐收"专利使用费"，直接掐住中国发展的脖子，重演阿根廷大豆的悲剧。在这方面，反方最有力的"证据"是，2009 年 8 月 17 日，国家农业部向华中农业大学两种转基因抗虫水稻"华恢 1 号"和"Bt 汕优 63"颁发的转基因安全证书，为其今后可能的商业化种植打开了通道。但据绿色和平组织分析，这两种接近商业化的水稻品种以及正在研发的另外 6 种转基因水稻品种，全部被国外专利所控制。按照农产品知识产权保护国际惯例，在研发阶段涉及他人的专利是不收费的，但如果进入商业化生产，就必须向专利方支付相关专利使用费。种得越多，收费也越多。有专家称，像这样的专利陷阱在转基因作物领域比比皆是，阿根廷大豆悲剧的一个重要原因，就是掉进了孟山都的专利陷阱中了。而在这个问题上，正方也有其辩护词：（一）转基因种子大多具有适应能力强、耐储藏、产量高等特性，通过种植转基因作物提高单产是应对中国粮食紧平衡局面、增强中国粮食国际竞争力的有效方式，如果中国一味地排斥转基因技术，就会丧失对国际生物工程技术制高点的把握，在新的农业技术革命中就会落后于人，进而将数百亿的国内种子市场拱手让人；（二）关于专利保护问题，各国的专利保护期限大多为 10~20 年，转基因技术专利大多集中在 20 世纪 90 年代，现在很多转基因技术的专利期已经过去，而根据中国的相关法律，若过期也就没有了专利申请的权利，因而对于国际种业通过专利大肆收取专利费的担心是多余的；（三）当今的种业并非是一家独大，而是多家公司鼎足而立，不仅存在孟山都、先锋、先正达、KWS 等公司之间的竞争，也存在着美国、以色列、法国、德国等的国家之间的竞争，所谓被一两家跨国种业公司垄断的局面是不会出现的。中国的种业公司完全可以借力打力，通过与一些国外公司有效地合作实现种子战争的突围。对此，正方还以棉花为例，通过相关科研机构的努力，中国自主研发的转基因抗虫棉已经占领国内 95% 的市场份额，一举打破 2004 年伊始的由孟山都、岱字棉公司的转基因抗虫棉占有 90% 以上市场的不利局面。

四、超越转基因：将目光放在种子安全的自主掌控上

对普通百姓而言，围绕转基因作物商业化问题的争议虽然十分专业，但这毕竟与自己的食品安全关系密切，与自己所在国家的粮食安全关系密切，所以在转基因问题上，任何一点风吹草动都会引起社会的极大关注，政府与转基因产业相关方对转基因作物商业化也颇为投鼠忌器。

让我们回到一些基本问题上：我们要不要发展转基因技术？我们是不是非得进行转基因作物商业化不可？我们怎么才能规避孟山都们的围堵与陷阱？笔者个人认为，必须把我们的目光始终放在种子安全的自主掌控上，这样才能超越转基因争议，不为之烦，而求之用。

我们要不要发展转基因技术？

笔者认为：要。转基因技术是现代生物工程技术的一个重要分支，它为人类进行农业生产寻求高产、优质、低成本、减少对生态环境的破坏的发展道路提供了一种新的可能，转基因的更新一代技术还为我们打开了获得更富营养的功能食品以及植物制药、植物造工业品等生物工程新成果的大门。亲近它，我们可能还能站在现代农业技术革命的最前沿；远离它，却可能"把澡盆里的脏水连孩子一起泼出去"。笔者想，2008 年，国务院之所以通过一项高达 240 亿元人民币的转基因研究资助项目，使之成为到目前为止最高资助额的高科技项目，目的也应在此。

我们是不是非得进行转基因作物的商业化不可？

笔者认为：不必，目前看也不能。

这个问题其实包含两个小问题，一是转基因技术是不是有独一无二的优势，二是有没有可能用当前更为安全的常规技术实现转基因技术希冀达到的目的。

我们知道，提高作物的单产或者收益主要有两个办法。一个是袁隆平们所走的"超级水稻"路线，着力于提高作物的产出边界，通俗点说，就是提高产量。另一个就是现在转基因技术所走的路线，那就是"改进对压力（逆境）的抗性，缩小单产与单产边界之间的差距"，通俗地说，就是少受损失以达到作物本来应该达到的产量或收益。

延伸阅读：转基因 Ht 与 Bt 作物

目前，国际上广泛种植的转基因农作物中，主要有 Bt 类基因与 Ht 类基因两种农作物。转 Ht 类基因使作物具有抗除草剂的特性，而转 Bt 类基因使作物具有抗虫的特性。

转 Bt 基因的基本原理是将一种土壤细菌——苏云金芽孢杆菌的一段基因转入农作物种子中，使农作物在生长过程中产生一种有毒的 Bt 蛋白，虫子吃了这种蛋白之后，肠道就会溃烂，从而替代杀虫剂的作用。据研究，种植转 Bt 基因农作物可以降低虫害损失，提高单产，还可以减少杀虫剂的使用，减少劳动投入。

转 Ht 基因的原理则是把一种特定土壤细菌——根癌农杆菌中的一种合成酶的基因转到农作物里面，替代原有的能被草甘膦（一种除草剂）抑制的蛋白质合成酶，从而使这种作物对草甘膦等除草剂产生抗性。据研究，种植转 Ht 基因的农作物只需投放一种除草剂（即草甘膦），除草剂使用总量减少，对环境污染降低，对除草的劳动投入减少，同时有助于单产的提高。

到底转基因技术有没有独一无二的优势呢？以玉米为例，我国玉米单产水平为美国的二分之一，生态条件、现实生产力和品种差距是作物单产水平差距的主要原因。就品种差距而言，我国的玉米主要存在耐密性差和抗倒伏能力差的劣势，而绝不在于本土品种中是否应该导入转基因抗虫性的问题。从本质上讲，转基因抗虫性是一种杀虫剂效率改进的技术进步，其对作物单产提高的贡献来自于挽回虫害损失的多少。国务院发展研究中心的陈健鹏博士曾算过这样一笔账：我国玉米生产中玉米螟虫害的损失率约为 5%，假定我国 60% 的玉米（种植面积）导入了转基因抗虫性（假设依据：美国从 1996 年开始推行转基因玉米商业化种植，到 2009 年转基因抗虫玉米种植面积约为玉米种植总面积的 63%），再假定转基因抗虫性 100% 有效，那么每年可挽回占总产量 3% 左右的虫害损失。从"静态"来看，3% 的总产出提高对总产出是有一定贡献，但从"动态"看，这种贡献非常有限。回顾我国玉米生产的历史数据，玉米单产从 1978 年的 2802kg/hm² 增加到 2008 年的 5556kg/hm²，30 年间增加了 90%，其中从 1978 年到 2007 年，每 5 年的单产增加率为 11.1%；玉米总产量由 1978 年的 5595 万吨增加到 2008 年的 16691 万吨，增加了 197%，其中每 5 年的总产量增长为 18.2%。从单产和总产而言，扣除掉特定的虫害损失，对于长期的粮食安全而言，意义并不大。

从另外一个角度上讲，如果以高产、抗逆特征作为生物技术在作物育种中的技术目标，从技术路线而言，现在的转基因商业化并不是唯一的选择，也不是技术演进的必经路线。有多种方案可以替代当前的转基因技术，比如精准农业、有害生物综合治理以及减少作物在收获后储存和运输过程中的损失等。对我国而言，如果以提高作物单产、总产为政策目标，那么可以采取的经济、技术选择还有更多。包括农业基础设施的投入与改善(农田水利建设、中低产田改造等)，非转基因的高产技术、抗逆技术生物品种的推广，粮食补贴和价格支持政策等。中国还远远没有到需要靠当前的转基因技术来"供养"的时候！

我们应优先考虑风险更小的生物技术品种的商业化，部分转基因技术成果可以作为技术储备放起来，而不是马上投入使用。

我们应该如何规避孟山都们的围堵和陷阱？

对于前面引述的关于转基因争议正方有关跨国种业公司市场垄断风险和专利陷阱的辩护词，笔者本人并不敢苟同。就我们的认识，跨国公司在发达国家内的竞争也许是公平、透明且合法的，但到了发展中国家，一切贪婪、无视法律规范和道德约束的行为就开始明目张胆起来。在这个时候，它们是有分工的，也是空前团结的，孟山都们在阿根廷、巴西、印度等的所作所为说明了一切。在它们那里，它们所做的就是国际惯例，就是国际通行准则，就像它们攫取发展中国家的种质资源时不用付费，而到了它们那里做了些许的基因提取、记录之后，就成了它们的专利，他人就必须有偿使用一样。所以，欢迎它们来华投资，但要为它们定好规矩，要用高度的警惕盯紧它们，谨防被它们算计了！

因为在涉及种子安全的问题上，我们已经输不起了！

那么，在转基因种子问题上，或者说是在现代生物技术领域，我们应该如何规避孟山都们的围堵和陷阱呢？

笔者认为，中国应该坚守以下原则：

1. 在当前应特别谨慎对待主粮转基因品种的商业化种植问题

应该明确，发达国家目前主导的生物技术产业和知识产权格局，是在它们农业发展阶段和对外农产品贸易、服务贸易条件下确立起来的，并不符合当前中国的国情。推进以美国技术为背景的转基因作物商业化，可能会加速跨国种业公司对中国种业的渗透和控制，于我们有百害而无一利。在主要粮食作物转基因品种商业化问题上，应坚持预防原则和自主研发优先的原则。现阶段，要特别谨慎地对待主要口粮（水稻、小麦）转基因品种的商业化。

2. 坚持公共投资和公共机构的主导地位

应在鼓励民间种业公司研发能力，提高和运营实力增强的同时，坚持在现代农业生物技术创新体系中，继续贯彻以公共投资和公共机构为主导的方针。国家应继续增加对该领域包括转基因技术的公共投入，特别是对作物育种、推广中长期、安全性研究方面的投入，同时，政府还要着力构建良好的制度与市场环境，以利国内种业的发展。

3. 在育种路径选择上，应注意强调常规育种与现代生物技术的结合

要优先考虑研发和应用对经济、生态环境、人类健康风险较小的非转基因生物技术品种，将转基因技术作为储备型技术加以发展。

4. 规范中国种业法律和管理体制

对国内种业公司的发展实施符合WTO规程要求的辅导和保护，推动其做大做强。同时，加强农业生物技术知识产权和我国种质资源的保护，应对可能出现的中外知识产权的纠纷。

果如此，中国种子安全方能无虞。

第三章　产业链安全：跨国粮企不断冲击粮食自给底线

种子是粮食产业链的起点。种子安全了，并不等于一切都安全了。春华秋实，直至下锅上桌，粮食产业链的每一环节的失控都将导致它的不安全。

粮食产业，就是这样特殊的一个产业！

"江湖上"传说，有这么一位黑龙江国有豆企负责人，在对跨国粮企的赢利模式进行了专门的研究后，撰写了一篇长达几万字的研究报告。报告揭示说，这些跨国粮企成功的奥秘在于有一条长而庞杂的产业链——上至贷款、种子与化肥销售，中间到仓储、物流设施的经营、产品的加工销售，下到国际粮油贸易，无不涉猎，"这个产业链环环相扣，任何一个环节都可以赚钱。即使收购亏点，也很容易就通过产业链的其他环节补回来。它可以轻松淘汰竞争对手。"

信哉斯言！

跨国粮企的逐利本性，正驱动着它们瞪大其贪婪的眼睛，盯住中国粮食产业链中的薄弱环节，寻找获取高额垄断利润的良机……

第一节　粮源之争：产业链安全之战的缩影

一、短兵相接的大米收购战

2012 年 7 月，湖南益阳的"兰溪米市"。两位老熟人——坐市商王本义和前来询问收米价格的种粮大户李如海，相向而坐，抽烟喝茶，聊东扯西，貌似轻松，实则各怀心思。李如海已经走过好几家收购商了，得知今年的早籼稻市场上已经有人出价 1.3~1.32 元一斤了，比去年贵出 0.2 元。但他感觉价格可能还要涨，他认为也该涨。"现在农药、化肥都贵了许多，再不涨一点，种粮就更不划算了。"于他而言，生产资料涨价所带来的成本需要米价上涨来弥补，因为早籼稻生长后期有充足的阳光，再加上自己精心打理，今年承包的两百多亩地收成比去年高出不少，质量也好了很多，李如海觉得今年应该将去年种粮的损失弥补回来。因此，多走走看看，不轻易出手卖粮，正是他现在的心理。

坐市商王本义的心思就复杂得多了。他知道今年早籼稻收购价一直在上涨，再不出手收米怕会错过收米时机。特别是传闻中一些外国的大公司也委托大市商甚至国有粮库在高价收米，这让王本义更坐不住了。出手不出？今年的米价会不会再次出现"高开低走"的行情？王本义心里没数，忧虑写在了脸上。

其实，类似李如海的"惜售"和王本义的"忧买"心理同样出现在湖南其他地区以及江南其他大米产区的农民、收购商身上。暗流涌动的是，国有、民营、外资粮企对大米、小麦等主粮粮源的争夺已经到了白热化的程度。

根据新华网 2011 年 11 月 19 日的报道，江西抚州发生的晚米收购战。

"稻米还没成熟，就有人来定粮，确实少见。"对临川区东馆镇农民来说，源源不断到镇上来的购粮者让他们喜上眉梢，村民们对今年晚稻卖个好价钱充满信心。

有"赣抚粮仓"之称的抚州，每年产粮 50 亿斤，向国家提供商品粮 20 亿斤以上，这在产粮大省江西位列前茅。抚州市粮食局预计今年（2011 年）产中晚稻粮 30 亿斤左右，商品粮达 15 亿～18 亿斤。抚州粮食市场往往是江西省粮市的一个风向标。经历了今年早稻的"抢购忙"，抚州农民纷纷开出了比往年高出十几元甚至几十元的心理价，不少农民在采访中表示"少于 100 元就不卖"。而在江西新干海珠米业董事长邓库皮看来，今年的开秤价可能会比农民 100 元的预期更高，因为晚稻历来供不应求，"今年早稻开秤是 105 元，估计晚稻不会少于 110 元。" ……

更大的变数不是单纯的供求趋势，而是参与收购大米的市场主体自 2011 年又多了一个，而且还是最有杀伤力的一个：外资粮企益海嘉里！往年的晚米收购市场，国企占六成，民企占四成，大家皆大欢喜。但这个新对手的加入，一开始就是带有"搅局者"的准备而来。

在收粮大战中，无论是哪一路的买家，拼的都是价格。但外资的价格战，不仅打蒙了粮企，就连当地农民也觉得不可思议："他们高价收购粮食，如果一般收购价是 96 元，外资就出 98～99 元，说有多少要多少。"

刚于 2010 年 6 月进入抚州市金溪县设点的外资粮企益海嘉里，2011 年早稻收购时，在金溪县国有粮食购销公司和中央储备粮金溪直属库还没有入市收购的情况下，它就在 8 月 1 日率先挂牌收购早稻，每百斤出价 98 元，既高于当年国家制定的每百斤 93 元的最低收购价，也高出头一年同期江西早稻收购价，还高于当时早稻的平均收购价。开秤早，出价高，此役让益海嘉里在抚州声名大振，它的原粮收购也因此异常顺利。而在这次抢粮大战中，国有粮企和其他中小型民企被打得措手不及，无法按原有计划的数量和价格收到大米，一些中小型粮企还因此陷入了困境，面临破产的危险。当时，抚州市有粮食加工许可证的粮食加工企业有 213 家，年加工量能力有五六十亿斤。加工能力已经超过了粮食产量，很多企业面临无米加工的境地。原私营粮食加工企业主张小英说，当时工厂每斤优质早稻加工成大米有 3.7 分钱利润，但普通大米则要亏损 0.3 分钱，"粮价太高，只有停工"。

而根据南昌大学公管学院粮食安全调查小组当年对金溪县的调研，益海嘉里虽然进驻的时间短，原粮生产能力（150 吨 / 日）和收购网点有限，但其成品大米的出货量却领跑当地诸多企业。原因在于，一是益海嘉里依托原本应承担国家储备粮收购任务的国有粮站大量收粮，仅是其委托河源、对桥两个粮管所收购"外引 7 号"一个品种，到 2011 年 11 月上旬就收购了 600 万斤；二是很多民企为了维持生产，主动替益海嘉里加工高端大米，使其加工能力成倍增长。

"出手不凡"，外资粮企一开始就展现出巨大的企图心。

二、中储粮之困

中储粮原总经理、现董事长包克辛曾经讲过的一个事情是，一次一位粮商问他中储粮的职能是什么，他"毫不客气"地说："就是为了抵制你们搞投机！"包克辛是温州人，按他自己的说法，身上流淌着温州人的经商因子。他说，做商人是要投机的，市场如果没波动，他们就赚不到钱，因此即便没波动，他们也要设法制造波动。而中储粮的任务就是去抑制这个波动。包克辛归纳中储粮的三项核心工作：维护农民利益；维护粮食市场稳定；维护国家粮食安全。他斩钉截铁地表示："我们（中储粮）就是围绕这个展开工作的。"

事实上，国家确实赋予了中储粮这样的职责与任务。

中储粮全称叫作中国储备粮管理总公司，是国资委直接管理的政策性中央企业，它受国务院委托，具体负责中央储备粮（含中央储备油）的经营管理，对中央储备粮的总量、质量和储存安全负总责，同时接受国家委托执行粮油购销调存等调控任务。

延伸阅读：中国粮食流通改革小史

1993年2月，国务院颁布《关于加快粮食流通体制改革的通知》，要求"放开价格、放开经营"，"粮食商品化、经营市场化"，同年4月，全国95%以上的县市都放开了粮食价格和经营。实行了40年的城镇居民粮食供应制度（即统销制度）被取消。

但危机随之而来，当时全国的商品交易所和期货交易所有五十多家，上市品种有七大类五十多个，各类期货经纪公司有三百多家，各类兼营机构多达上千家。包括粮站、粮库在内的各类炒家以及个体粮贩都加入粮食投机的行列，引起了粮价的暴涨。

这次危机让中央认识到中央强力控制粮食的重要性。国家开始建设总计为250亿公斤仓容的国家储备粮库。

1994年5月国务院发布了《关于深化粮食购销体制改革的通知》，规定继续坚持政府定购，并适当增加收购数量。除定购5000万吨粮食落实到户外，还下达了4000万吨议购计划，落实到县级政府。国家大大提高了定购价，定购综合价提高了40%。到了1996年，政府又将定购价在1994年的基础上提高了42%，使得定购价基本接近市场价。定购价逐渐名存实亡。

1998年5月19日，国务院下发了《关于进一步深化粮食流通体制改革的决定》，提出"四分开一完善"的粮改政策，即政企分开、中央与地方责任分开、储备与经营分开、新老财务账目分开，完善粮食价格机制；并指出改革的重点是国有粮食企业，主要是落实按保护价敞开收购农民余粮、粮食收储企业实行顺价销售、粮食收购资金由农业发展银行封闭运行三项政策。但由于保护价早已经高于市场价，所以导致保护价无法实行，以及 1996～1999 年粮食连年大丰收，全国的粮食总产量增加到 50838.6 亿吨，库存积压严重，市场粮价下跌，粮食收储企业也无法实现顺价销售。最后的结果是大规模的国有粮食储备仓库出现空仓现象，严重危及国家粮食安全。

为了应对这个危机，2000 年春天，经国务院批准，中储粮总公司组建，专职从事中央储备粮的经营管理，实行垂直管理体制，对分布在全国的直属库、人、财、物实行垂直管理。我国粮食储备与流通体制改革迈出重要步伐。

2000 年，在其成立之初，国务院对中储粮提出明确要求，即"确保中央储备粮数量真实、质量良好，确保国家需要时调得动、用得上"，即"两个确保"。所谓确保"数量真实、质量良好"，就是做到国家确定的储备粮规模、品种和质量与实物库存账实相符，并达到国家规定的质量标准，及时轮出品质不宜存和达到储存参考年限的粮食，轮入符合质量标准的新粮，做到常储常新，为社会提供放心粮源；所谓确保"调得动、用得上"，就是做到国家动用储备粮的指令下达后，库存储备粮能够高效、迅速地组织出库，能够按照政府宏观调控所要求的时间、地点、数量和品种向市场投放，以实现政府调控的目标。

而作为国务院确定的国家政策性粮油收购储备企业，中储粮的任务是，承担国家储备粮油的收购、储存、调运、拍卖销售业务。这些均被认定为政策性收储，国家财政将为此出资，企业同时还能获得售出补贴。中储粮的这个"特殊性"，使其成为对粮食市场竞争能够保持相对超脱的调节者的角色。而其在与国家粮食局"分家"后所获得的遍布全国的众多粮库和购销网点，也使它具备了吸储粮食、调节市场的能力。

时任中储粮总经理的包克辛在一次接受采访时说："我们现在做的事，主要就是把企业行为和国家的宏观调控有机地结合起来。实际上就是'高抛低吸'。价格高的时候往外抛，平息市场，价格低的时候吃进。把这个弯扭过来了，其实就和国家调控一致了。这四个字可以说是提供了一个很好的方向 。""具体来讲，"包克辛说，"针对炒作，如果把价格弄高，那我们就抛；低的时候，比如现在东北的水稻和玉米价格低，我们就收。去年（2007 年）有段时间出现了连续性的价格较低的情况，这个时候就会伤农，所以，我们就大量地吃进。通过这种途径把市场的粮价稳住。"

"2004 年粮食体制改革后，中储粮作为国家政策储备粮企业，在平抑粮价，托市收购维护粮价方面做得还算可以。"一个大型粮食企业的高层人士如此表示。这个评价应该还是公允的。

有一个典型的情形是包克辛愿意经常讲的。中储粮的平抑粮价功能，针对南方的情况表现得很明显。一场大雨或者一场台风，船不能运了，粮价就得上去，经常有十天或者一个星期的粮价高峰，这时我们就必须及时出库，把价格打下来。这样一来，作为中储粮本身，既平抑了市场粮价又有了收益，等台风过去了我们再用船运过去把粮库补上……

若以全国年产粮 1 万亿斤，其中商品粮为 5000 亿斤，中储粮实际收储额为 500 亿斤左右。作为中国粮食市场的主要调控者，中储粮以其占市场份额 10% 不到的收储能力，努力实现着中央所要求的"两个确保"和"三个维护"（维护农民利益、维护粮食市场稳定、维护国家粮食安全）。

但凭借着政府的政策和资金支持，背靠着强大的库容和加工实力，中储粮仍不能高枕无忧，稳坐调控者高椅。在外资粮企介入粮食收购大战后，能不能确保收到足够的粮食，仍存在巨大的变数。

这个变数就在于，中储粮实力强大，但它制度性掣肘太多；外资粮企进来虽晚，但它们灵活多变，出手凶狠；中储粮面"敌"无数，外资粮企只有中储粮一个"作战"对象；中储粮在明，它们在暗……

抢粮战中，中储粮未必能百战百胜。一旦无粮在库，中储粮就是只"无牙老虎"，市场中那些个"狼群"还会听从它无力的调控之声吗？有远虑，更有近忧，中储粮，小心身边那些虎视眈眈的抢粮对手！

三、益海嘉里的"抢麦"故事

2005 年，益海嘉里对于面粉行业来说，还仅仅是个起步者。当年，它在河南周口成立了益海（周口）小麦工业有限公司，日加工小麦 1000 吨，由此进入小麦加工领域。此后，益海嘉里陆续与山东兖州等地政府商谈有关面粉和食用油加工的投资，并开始在当地收购小麦。从大豆加工再杀入小麦，益海嘉里新的行动引起国内业界的警觉。对此，它的解释是：由于国内小麦加工产业与发达国家相比，仍处于较落后水平，而发展精深加工项目，提高附加值，是中国农产品加工业的发展趋势。

2009 年，益海嘉里小麦粉销量已接近 80 万吨，市场占有率排名为第四。国内面粉业开始形成共识：益海嘉里很有可能在下游小麦粉市场迅速复制金龙鱼食用油的成功。而益海嘉里却认为这种担心并不存在："相对于目前全国年加工小麦的产能达 2.4 亿吨，我们的投资规模还是极小，不会成为小麦面粉加工业的主导力量。"

2012 年，益海嘉里已经形成了 120 万吨年小麦加工能力，其中，东莞工厂（新增年小麦加工产能 36 万吨）、藁城工厂（新增年小麦加工产能 18 万吨）的扩建工程将于近期完工，并正在河南（2 家）、福建、江苏、北京（各 1 家）新建 3 家年处理 36 万吨小麦和 2 家年处理 54 万吨小麦的加工厂，即将在山东（2 家）、陕西、四川、辽宁动工新建 5 家年处理 36 万吨小麦的加工厂，规划在浙江余杭、云南昆明新建 2 家年处理 36 万吨小麦的加工厂。预计以上工厂将在 2013 年初全部形成产能，届时在华工厂将达到 16 家，年小麦加工能力将达到 632 万吨。面对国内业界的惶恐不安，益海嘉里表示，自己对于加工工厂的建设不像一些媒体描述的那样主动进行"战略布局"。"我们已投资的小麦加工项目，都是在接到地方政府热情邀请之后，我集团经过详细考察才审慎确定的"。

益海嘉里的"抢麦"故事还在继续。

但也可以说，这已经不是什么简单的"抢麦"了。正如人们在益海嘉里一开始杀入小麦产业时所预测的那样，这个依靠中国市场发展壮大起来的外资粮企，正准备在小麦产业复制它在大豆产业上的成功——延伸出来的品牌（金龙鱼等）、小包装的打扮、贴近产区或交通要道、与中粮等竞争对手相邻而居、进入市场前期的低价倾销……所有的策略都与其在食用油上的同出一辙。单是看它的人才战略，就出手不凡，令其国内竞争者难望项背。比如，益海嘉里能为一个制粉师提供 4000～6000 元月薪（国内企业为 2000～4000 元），能为一个工厂总经理提供 30 万元的年薪（国内企业为 15 万～25 万元）。此外，益海嘉里和中高层管理人员及核心岗位技术人员附加补偿性竞业禁止协议，即这些人如果离开本企业，只要不到中粮或中储粮等主要竞争对手工作，益海嘉里在两年内仍每月发放 70% 的工资。

更重要的是，为了抢得粮源，益海嘉里不惜重金，从最细微处做起。为了获取原料,益海嘉里收购小麦时价格一般均高于国内企业。另一方面，目前小麦加工行业利润薄弱，而为了快速开拓市场，益海嘉里又将部分产品低于市场价销售。"他们主要是战略性投资。"一位长期关注该企业的人士道出了益海嘉里在"抢麦"中的玄机——"益海嘉里试图在河南、河北、江苏、安徽、山东等小麦主产区的部分县市复制油脂及稻谷加工业务向源头延伸的成熟运作模式，即设立种业公司，构建从种子的研发、良种的推广、订单种植、订单收购一条完整链条;另一方面，在小麦主产区以股权投资、固定资产投资、委托当地私营粮食企业等形式构建收储网络。"有记者在山东了解到，益海嘉里委托当地私营粮食收购企业、粮食局系统改制剥离的粮库等收购主体，代收代储小麦，益海嘉里确定价格，并为它们提供资金，完成任务后再支付佣金。通过粮食经纪人，益海嘉里建成了以兖州为中心，向西拓展到菏泽、梁山一带，东到泗水，北到宁阳的粮食收购网络。益海嘉里曾经宣称，它们加工所用的小麦，绝大多数都是从国储粮库中拍卖而来的。果如此，它们这样处心积虑地布建收储网络究竟是为何? 争夺粮源，夺得产业链中最重要的资源，这正是益海嘉里们的最初出发点。

小麦如此，在江西，在湖南，在全国的水稻产区发生的"抢稻"是不是同样的情形？只有一句话，那就是：的确如此。

这已经给中储粮的收储能力构成极大的威胁，对中粮及国内中小粮食加工者构成极大的挑战。

外资粮企行事低调而来势凶猛，"抢粮"大戏究竟意味着什么？

四、益海嘉里：上、中、下游通吃的真相

在所谓的粮食全产业链里，粮源仅仅是其中的一个环节——也许是最重要的环节。益海嘉里的故事告诉了我们这个道理。

延伸阅读：何谓粮食全产业链？

产业链（Industry Chain）是指经济布局和组织中，不同地区、不同产业之间或相关联行业之间组成的具有链条绞合能力的经济组织关系。赫希曼（1958年）提出了产业链的概念，他指出产业链的联系分为"前向联系"与"后向联系"。产业链中大量存在着上下游关系和相互价值的交换，上游环节向下游环节输送产品或服务，下游环节向上游环节反馈信息。

农业全产业链一词是从我国农业产业化发展过程中衍生出来的，不同专家、学者对其理解不尽相同。农业产业链，是由两个或多个市场主体，基于一定的地理信息系统（地域、环境等），以农产品为纽带，按照一定的逻辑和时空关系，结成具有价值增值功能的链网式一体化组织。

粮食全产业链是由粮食生产、加工、流通、消费等环节构成。其中生产、加工是上游环节，流通、消费是下游环节，上游环节为下游环节提供粮食产品，下游环节为上游环节提供粮食需求、消费等反馈信息。粮食全产业链每个环节（产前—

产中—产后加工—流通—消费），又涉及各自的相关子环节和不同组织载体。如产前环节包括种子、农机等生产资料的供应环节（涉及种子、农机供应商），产中环节包括粮食种植管理和农用物资供应环节（涉及农户或生产企业、农资供应商），流通环节包括产品的储运、批发、零售（涉及物流企业、批发商、零售商）。

打造粮食全产业链模式，据上海超限战营销策划公司总经理沈志勇总结，对于消费者而言，可以快速、有效地追溯食品源头，从而有利于杜绝食品安全问题的发生。对于农业企业自身来说，第一，抗风险能力大大增加。通过控制上游的原料来源，可以保证中游稳定的产品加工。第二，可以有效地控制食品安全问题，从源头上防范食品安全问题的发生。三聚氰胺事件、瘦肉精事件等，都是在食品源头上出了问题，那么，通过加强对上游食品原料的控制，就能较好地控制食品安全问题。第三，可以截取价值链的更多利润。企业通过对产业链上中下游的全面控制，就能分享每一个环节的利润，从而使企业的盈利点增加，盈利能力增强。第四，通过掌握下游的渠道和终端销售，直接和消费者接触，就能够了解一手的市场信息，从而更好地指导和安排生产。第五，使企业的整体竞争能力明显增强。全产业链公司实力更强，盈利能力更强，利润率更高，抗风险能力更强，从而能够在激烈的市场竞争中保持基业长青。

它的故事还是得从食用油开始说起，从益海嘉里进入中国时开始说起。

（一）着手下游，打造嘉里粮油小包装食用油市场霸主地位

市场营销课有这么一个著名案例：一个制鞋公司希望打开南太平洋上一个岛国的鞋市场，派了两个业务员去做市场调查。一个回来报告说，鞋

子在那儿卖不动，因为那里没有人穿鞋子。而另一个却回来说，太好了，那里市场太大了，因为那里没有人穿鞋子。两个业务员思考问题的出发点不同，各自得出的最后判断自然也就南辕北辙。

从 20 世纪 80 年代末开始，仅仅二十多年时间，嘉里粮油，这个由马来西亚著名华商郭鹤年一手打造的企业，借道中粮集团，以在广东建立南海油脂公司为起点，教我们中国人学会了食用小包装的精炼食用油，让我们知道了金龙鱼这个新创的品牌，同时也让我们让出了 40% 以上的食用油市场，让他们赚得盆满钵满。

金龙鱼是从南海油脂——这个 1990 年由嘉里粮油和中粮集团下属公司合资建设的精炼厂——里"游"出来的。金龙鱼一经问世，就在中国食用油市场上掀起巨大冲击波，"福利油"一度成为它的代名词，轻便、易用和看似的价格不高，福利和送礼佳品，是它取得认同的法宝。中国人轻易就为金龙鱼改变了原来用散装油的习惯，小包装食用油一下子成了食用油消费的必需品。

在南海油脂之后，嘉里粮油几度追加投资，炼油生产罐装基地从 1 个增加到 8 个，分别位于深圳、青岛、西安、成都、厦门、上海、广西防城港、辽宁营口港，只不过除深圳的南海油脂外，嘉里再没有与中粮合作过。原因很简单，中粮被嘉里算计了！中粮虽然在合资公司中间接持有的股份总和约 47%，是名副其实的第一大股东，但它却没有对合资公司的控制权。而更为重要的是，金龙鱼商标的归属权并不属于南海油脂，而是放在了新加坡郭氏集团的名下。显然，如果嘉里另建新厂，使用金龙鱼品牌生产和销售同种产品，中粮并不能得到利益。在此博弈格局下，中粮很难分享到金龙鱼快速成长的果实。这也成为尔后中粮从 1992 年起开始另立山头自创品牌，以一己之力开拓国产小包装食用油市场的缘由。

以南海油脂的金龙鱼为起点，嘉里粮油陆续在中国市场推出了 16 个品牌，其中较为著名的是胡姬花、鲤鱼、元宝、香满园、花旗、手标、巧厨等。这种多品牌战略在中国企业中是罕见的，按照当时南海油脂总经理李福官的说法，与其等竞争对手和自己争夺市场，不如自己先设置竞争对手，根据市场需求，在不同层面，从高到低，在不同品种上，设立不同定位的品牌遏制竞争对手的发展。

嘉里粮油的多品牌策略效果明显，据央视市场研究股份有限公司2008年食用油品牌市场占有率调研报告，2008年市场占有率最高的为金龙鱼，实际占有率和加权占有率分别为30.83%和29.98%，胡姬花排在福临门和鲁花之后，实际占有率和加权占有率分别为4.84%和4.64%，加上香满园、元宝、鲤鱼等上榜品牌，嘉里粮油旗下品牌占据中国小包装食用油市场总体份额达4成。

嘉里粮油以小包装食用油布局中国市场，改变了中国老百姓以菜籽油为主的传统消费习惯，转而消费以大豆和棕榈油等进口农产品为主要原料的小包装食用油。据农业咨询机构"东方艾格"的数据，2006～2007年度，豆油和棕榈油已经占据了中国植物油消费市场的前两位，消费份额分别为37.3%和21.4%。

中国食用油市场消费结构的转变，为郭氏家族整合产业链中上游构建了一个坚实的基础，成为郭氏家族征战中国粮油市场战略上的精彩伏笔！

（二）谋划中游，结盟ADM促益海成为中国最大粮油加工企业

现在的中国经济安全研究界，经常有人把2003～2004年的"大豆危机"与国际四大粮企ABCD联系在一起。其实，危机中获益最大的是郭氏家族所拥有的丰益集团直接控股的益海公司。ABCD中的ADM公司在危机中所获之益，更多的还是体现在它对益海的投资上，当然，它在供应原料大豆环节上赚的钱除外。

进军中国大豆油压榨业，郭氏家族就是结盟ADM公司一起进行的。

让我们来说说当年的"大豆危机"。

作为大豆的原产国，大豆种植在中国已有4700年的历史，其他国家虽只有几十年的栽培历史但是发展迅猛。美国打着"帮助穷国发展农业"的旗号向巴西、阿根廷等国积极推广种植转基因大豆。其产量迅猛增长并

很快超过中国，形成了大豆产量美国第一、巴西第二、阿根廷第三、中国第四的格局。1994年，我国大豆年产量达到创纪录的1600万吨，但仍无法弥补我国的需求缺口。自1995年开始，我国从大豆净出口国摇身一变成为大豆净进口国。当年进口79.5万吨，到2000年时，我大豆进口量突破1000万吨。1996年，为弥补国产大豆的不足，国家调整大豆贸易政策，对大豆实行配额管理。当时，大豆进口普通关税税率为180%，优惠税率为40%，而配额内的税率却为3%。

1997年，国际大豆价格见顶。由于南美大豆种植面积的不断增长、全球气候条件良好，大豆产量和可贸易量节节升高，由于东南亚金融危机的爆发，全球大豆价格一度持续大幅下跌。豆贱伤农，使得中国与美国都减少了大豆的种植面积。但南美国家大豆种植面积却逆势而上，此消彼长，大豆价格在震荡中不断攀升。

2003年8月，美国农业部以出现严重旱情为由，连续4个月将大豆库存数据调低；同时，美国以不满中美间巨额贸易逆差为由，向中国多方施压，迫使中国向美国开出了150亿美元巨额订单，其中包括购买美国大豆。两大因素导致国际大豆价格不断上涨。

2004年3月，中国大豆采购代表团抵达美国，在国际炒家哄抬下，作为国际大豆贸易定价基准的美国芝加哥期货交易所的CBOT大豆期货指数，从220美元/吨暴涨到391美元/吨。经验不足的中国商家在恐慌心理的作用下疯狂加大采购力度，在折合人民币4300元/吨的高价下抢购了数百万吨大豆。可是当中国采购团回国后，事情却发生了戏剧性的转折。美国农业部居然表示之前公布的数据失真，2004年将会是一个大豆的丰收年！随即，大豆价格急转直下，仅在当年的4月份，国际大豆价格暴跌50%，中国国内大豆加工企业由原先的全行业盈利一下子转为全行业亏损。

当价格差距变得如此巨大的时候，国内部分加工行业（以民营企业为主）无力消化高额的成本或者清偿银行贷款，不得不选择违约，放弃了原先在高价位签订的采购合同和定金（如果按合同价格进口大豆，每生产一吨就要损失 500 ~ 600 元)。此即所谓的"洗船事件"。对此，美方采取了凶狠的反制措施，包括向中国进口商提起诉讼，索赔金额达到 60 亿元人民币；国际粮商联合抵制中国民营企业，除一部分他们参股了的中国企业外，对其他中国进口商一律不再报价；同时，他们还联合修改对中国大豆出口的合同文本，加入许多针对中国大豆进口商的苛刻条款。目前，相关诉讼案还余波未了，对中国民营豆企影响依旧。

但美方的这些所谓反制措施只是对中国大豆压榨业浮在水面上的影响而已。2004 年这次"大豆危机"真正的危害在于，它致使中国许多油脂加工企业处于万劫不复的困境。除要承担美方的各项"制裁"外，雪上加霜的是，危机期间恰逢国家正在进行银行业改革，中小型民营豆企贷款困难，绝大多数企业无力继续经营，在死亡的边缘苦苦挣扎。而在此时，虎视眈眈的国际四大粮商——ADM、邦基、嘉吉、路易·达孚（所谓的 ABCD）借机大举低价介入对这些企业的并购，一年之后，原来由一千多个内资油脂加工企业组成的"中国大豆军团"转眼间灰飞烟灭，仅仅剩下今日的九十多家——其中 64 家由外资控制，外资大豆压榨产量也从占全国产量的 18%，一下子飞跃到 85%！

这就是悲催的中国"大豆危机"。

人所不知的是，在这场中国的危机中，得益最大的并不是那 ABCD 四大粮商，而是原本低调潜行于中国油脂市场的嘉里公司的兄弟企业——益海集团！

公开资料显示，从 2003 年到 2005 年的短短两三年期间，益海收购了中国国内不下 10 家中型榨油厂，相继在烟台、秦皇岛、周口、连云港、福州、武汉、泉州、昌吉等二、三线城市建立了粮油生产基地。2006 年上市的丰益国际的公告中，对此有过这样一段描述，"益海虽然进入中国市场较晚，但其发展、布局非常之快，从 2002 年开始，益海通过新建、收购老国有企业、设备改造等方式在两三年内迅速扩张，在防城港、连云港等地已合资建立了十多家生产厂家和二十多家销售公司，在合并时（指 2007 年 6 月）总投资近5亿美元，拥有七百五十多万吨的大豆、花生、棉籽、菜籽的加工能力，年可生产各类大豆油两百多万吨、花生油十六多万吨、菜籽油二十多万吨、棕榈油六十多万吨。在中国市场控股或参股的知名食用油品牌包括'口福'、'鲁花'、'丰苑'、'四海'等"。数据显示"截至2006年，'益海大豆'日加工能力达到3.5万吨，占国内市场份额超过了16%"，益海一举成为中国油脂生产领域的龙头企业。

益海与嘉里粮油虽同为粮油企业，但在中国内地的业务拓展布局正面竞争很少，互补性很强。在产品的定位上，益海以口福品牌以及为家乐福等大型卖场贴牌等低端产品为主，主要以价格策略占领小包装食用油低端市场，嘉里粮油则以金龙鱼引导中高端产品线，以鲤鱼及部分区域品牌占领低端市场，而胡姬花则在部分地区以花生油稳坐高端市场，产品的定位上双方体现了高端与低端的有机组合；在生产企业地理布局方面，益海11个生产基地位于安徽芜湖、河南周口、河北秦皇岛、四川广汉等二、三线城市，而嘉里粮油的八大生产基地主要位于天津、上海、深圳等航运方便、消费水平高的国内一、二线城市，二者交叉覆盖不同市场；在产业链上，益海侧重于产业链中游，嘉里粮油则聚焦产业链的下游。

通过益海与嘉里粮油，郭氏家族已在国内粮油市场形成了高、中、低端产品，覆盖一、二、三线城市的全方位布局。

产业链中、下游通吃，益海嘉里在中国用不到20年的时间就做到了！

但这远不是故事的全部。

（三）打通上游，靠向中国出口油脂原料赢取最大利润

很少有人会想到，益海嘉里在中国油脂市场凶猛拼杀，挣到的只是1.5%到4%的利润率。

事实确实如此。中国油脂市场刀光剑影，能在这个市场上生存下来已属不易，要想挣到垄断利润断乎难矣。

但这正是包括益海嘉里在内的国际粮企们所期待的:把利润打得极低，逼迫中国企业退出竞争！

因为它们不怕。它们在海外握有大豆、握有棕榈油的原料，钱可以在原料这头挣到！

上、中、下游的跨境布局，使"益海嘉里"们有足够的空间利用各国不同的税法进行避税。合并了益海嘉里在新加坡上市的丰益国际披露，其海外种植企业的利润率高达约24%，远远高于其在中国终端市场的1.5%～4%。

这正是益海嘉里在中国油脂市场上、中、下游的完美布局和攻城略地所带来的"产业链"——"价值链"收益。

我们来看丰益国际是如何接通这上中下游、通吃中国油脂市场收益的。

益海与嘉里粮油在中下游的全方位布局迅速增加了对上游原材料的需求。为此，在布局中国粮油市场的同时，郭氏家族企业加快了在产业链前端棕榈油种植与生产环节的开拓。

丰益控股成立当年，便收购了印尼7100亩土地，建立油棕种植园。2006年，丰益控股旗下丰益国际联手ADM花费580万美元，一举并购5家印度尼西亚种植公司，其种植土地储备因此增加了8.5万公顷。之后通过一系列并购，丰益控股种植园面积迅速增加，截至2008年底，丰益控股已将油棕的种植面积提高到22.33万公顷，其中在印尼拥有16.08万公顷，在马来西亚拥有6.25万公顷。此外，通过Plasma计划，在印尼管理3.39万公顷土地。

作为郭氏家族旗下另一家上游企业，PPB油棕是马来西亚最大的棕榈油生产商之一，扩张速度更是惊人。2002年，PPB集团旗下的"PPB油棕"在马来西亚和印尼的油棕种植面积分别达到7.7万、2.57万公顷，总计超过10万公顷；到2005年底，PPB油棕总共拥有约36.32万公顷土地储备，其中约8万公顷位于马来西亚，28.32万公顷位于印尼，增加了近3倍之多。

在增加油棕种植园面积的同时，郭氏家族也加大了棕榈油产能的扩张。自1995年丰益控股建立第一家棕榈油压榨工厂起，之后便在棕油研磨、压榨、精炼等生产环节不断扩张，产能得以迅速提升。2006年，丰益国际将郭氏家族系内公司——马来西亚主要的棕榈油及棕榈仁油精炼商与出口商——PPB 集团旗下的 PGEO 公司（简称 PGEO）收归囊中。并购公告显示，2006 年，该公司 35% 的产品销往中国。通过一系列并购、重组，到 2008 年，丰益国际加工的棕榈原油达到 150.52 万吨，比上年提高了 26%，棕仁加工达到了 35.03 万吨，比上年增长了 25%。2007 年，丰益国际的棕榈油和月桂油贸易从 2006 年的 790 万吨上升到 1340 万吨，而 2007 年销往中国的棕榈油达到 400 万吨以上。而中国粮油信息中心的信息显示：2007 年中国棕榈油进口量不超过 600 万吨。此外，公开行业数据显示，益海嘉里占据了中国棕榈油市场约 70% 的份额。

也就是说，通过对中国市场的布局，郭氏家族得以将其在马来西亚、印尼等地油料作物种植的优势与中国广阔的市场结合起来，形成了从上游到下游一条完整的价值链，实现了产业链上的纵向一体化。但事情远非仅仅如此。

（四）借原料优势，全面分享中国油脂产业成长

在中国市场上，无论是谁，都能够轻易感受到金龙鱼与福临门缠斗时的烽火硝烟，有时我们还能听闻到福临门略胜一筹的消息。

事实上，在益海嘉里等外资粮油企业在华业务迅速成长的过程中，国内舆论对其在中国垄断布局所带来的粮食安全问题的担忧就不绝于耳，而政府也出台了一系列政策以鼓励内资粮油企业的发展。2008 年 9 月 3 日，国家发改委出台《促进大豆加工业健康发展的指导意见》（以下简称《意见》）。该《意见》明确提出要扶持民族大豆加工企业，引导内资加工企业通过兼并、重组等方式，整合资源，培育一批加工量 2000 吨 / 日以上，产、加、销一体化，具有较强竞争力的大豆油脂加工企业（集团）；而对外资进行了限制。《意见》提出，外商兼并、重组国内油脂加工企业应严格按照国家有关外商投资的法律法规及外商投资产业政策办理。因此，尽管金龙鱼和它的姐妹品牌仍然占据了绝大部分的市场份额，但随着中粮、中储粮等的强力介入，国有食用油品牌越来越响亮，市场占有率不断攀升，

金龙鱼等的市场不断趋于稳定甚至开始有所萎缩。

郭氏家族会因此而落败，且将收益拱手相让吗？

不会，它也不必。

因为在中粮和它的福临门里，郭氏家族以丰益国际的名义，同样收获着巨大的利润。它向福临门高价供应着棕榈油，且占有中粮诸多油脂加工企业实实在在的股份。

故事是这样的。

自中粮 1992 年另立山头自创品牌以来，中粮与 ADM、丰益控股就开始了全面的合作。1992 年，三者合资的北海粮油工业有限公司在天津建成，此后十余年间，位于江苏张家港的东海粮油工业有限公司、山东的黄海粮油工业有限公司、广东增城的东洲油脂工业有限公司、大海粮油工业（防城港）有限公司等相继投产，主要产品包括福临门系列食用油、"四海牌"豆粕等。2000 年 11 月，中粮、ADM、丰益控股三家又共同投资组建了上海福临门食品有限公司，专门负责福临门牌小包装油的统一销售和推广。

在这些合资项目中，中粮显然吸取了在与嘉里合作中失败的教训，牢牢掌握了控股权，不过丰益控股也持有数量不少的股权。在中粮另外两家合营企业莱阳鲁花及山东鲁花浓香当中，中粮持有 24% 的权益，丰益控股则透过香港嘉银（莱阳）有限公司在此两公司持有 25% 的权益，合营企业旗下的鲁花目前是中国花生油领域的第一品牌。

既然是你死我活的敌手，中粮如何又引狼入室，不惜与郭氏家族乃至 ADM 合资建厂，甚至将自己核心品牌福临门、鲁花等拿出来与对手分享收益呢？

关键在于原料掌握在人家手里！

中粮之所以选择 ADM 为合作伙伴，是因为 ADM 是全球最大的大豆生产及贸易商之一；选择丰益国际进行合作，是因为丰益背靠马来西亚、印尼的棕榈油生产基地，很大程度上掌控了棕榈油的种植、压榨和销售环节，是全球最主要的棕榈油供应商。中粮国际曾在公告中坦言，"本公司的合营公司安排，令本公司受惠于合营伙伴（ADM 和丰益控股）在油籽加工业的丰富经验及良好信誉、原料购买和供应实力以及先进技术及管理专才，有助提升本公司在国内及国际市场的竞争地位"。说得很明白，要想让人家保证你的原料供应，你就得把人家拉进来，一起来"赚钱"。

也就是说，在益海、嘉里粮油布局中国食用油市场的同时，郭氏家族通过丰益控股参股中粮系旗下油脂企业，以及向中粮等供应原料，已经最大限度地分享着中国食用油行业成长。

益海嘉里在自己的官网上如此宣传：

益海嘉里是领先的农产品和食品公司，在中国经营业务已经超过 20 年。

"我们以极具竞争力的成本将油籽、谷物、食用油、棕榈油和月桂酸油加工成多种高品质的食品、饲料原料和油脂化学品。我们的产品包括食用油、饲料粕、大米、面粉、麸皮、谷物、特种油脂、油脂化学品和大豆浓缩蛋白。我们在 43 个战略地理位置拥有 170 个以上大型综合加工厂，并拥有遍布全国的销售和分销网络，我们能更有成本效益地分销产品，并能在最短时间内上市。"

"我们的垂直一体化业务模式跨越了整个价值链，从原料采购和加工，到营销、品牌化、销售和分销。这种模式使我们能够在每一个环节减少生产、管理和物流的成本，并深入加工我们的副产品带来更多的收入。"

"垂直一体化"，这个益海嘉里引以自豪的业务模式，使郭氏家族在中国油脂市场上上、中、下游产业链环环相扣，构筑了一条完美的价值链。这条价值链保证了郭氏家族能够将从原料到加工，再到营销等所有环节的利润尽揽入袋。而其最微妙处，乃是在以低利润目标下做大中国食用油规模、拼抢其中下游市场份额、占尽市场优势的情况下，坐享原料供应的超级利润！如此精妙的产业链、价值链安排，岂是一个号称"侨资"的企业、口口声声中国是其"祖国"的丰益国际所为？也许它自己想努力忘却自己是在新加坡上市的企业、超额利润只是流向它的外国投资者（主要是它的郭氏家族）的真相而已。

第二节　粮食产业链危机：关乎粮食自给之战

粮源之争，是中外粮食产业链争夺战的缩影。事实上，针对中国粮食产业链的每个环节，跨国粮企都发起了激烈的争夺。

不止是益海嘉里，在这场争夺战中，跨国粮企 ABCD 哪一家都没有"缺位"。

不止是大豆，小麦、大米、玉米、油菜籽、棉花，凡是重要的农产品，几乎都已出现跨国粮企介入的身影。

不止是收储，农业生产前端的农药、化肥、种子，农业生产之后的收购、仓储、物流、加工、销售，诸多的环节都开始出现问题甚至危机。

跨国粮企看到的是控制产业链后能够给它们带来无限利润的"价值链"，而摆在我们面前的却是，粮食和农业产业链，实质上是一条涉及粮食的国家安全链。此链如果"掉链子"，将直接导致国家粮食的全面不安全！

一、全产业链：跨国粮企攻城略地的锐器

如果说益海嘉里是跨国粮企中的新贵，那么 ADM、邦基、嘉吉和路易·达孚则是跨国粮企中的贵族。这些"巨无霸"历久而弥坚，打造的粮食帝国越来越庞大，越来越有左右全球老百姓饭碗的能耐。

四大粮企有很多共同点，比如，它们都是大型跨国农业集团，它们都有漫长的历史，等等。但是最重要的共同点，就是它们在全球范围内垂直整合农业产业链，打造一体化的农业全产业链模式。在产业链的上游，它们控制了农业生产资料，比如种子、化肥等，也控制了原料来源。在产业链中游，它们掌握现代化的加工技术和设备。在产业链下游，它们掌控了渠道和终端销售。

看到了吧，益海嘉里完全是在偷师学艺，只是它得益于中国的改革开

放，得益于中国经济的高速发展和人民生活水平的不断提高，因为这样它才能够跻身跨国粮企之中，效益甚至好于 ABCD 中的个别公司。

ABCD 四大粮企都是全产业链公司，在具体的实践中，它们有很多相似的做法。

首先是立足全球配置资源，发挥各国比较优势。四大粮企的目标消费人群是全世界人口，因此，它们在整合全球农业资源的时候，始终站在全球的高度，发挥比较优势。比如，南美国家巴西和阿根廷的大豆产量高、品质好，四大粮企就充分开发和利用阿根廷和巴西的大豆，把它们销往世界各地。比如美国的小麦和玉米有产量和质量的优势，它们就把美国的小麦和玉米销往世界其他地方。总之，它们是立足于全球资源，开展农产品的生产与贸易的。

其次，以规模取胜，同时，创造出低成本的粮食生产、贸易模式。在产品到消费者手里之前，需要经过很多环节，包括原料的获取、加工制造、仓储物流等。ABCD 四大粮企在全球范围内整合自然资源和人力资源，进行成本控制，创造出农产品的廉价生产模式。巴西和阿根廷的大豆物美价廉，它们就大规模地采购那里的大豆；中国的人工成本相对较低，它们就利用中国廉价的劳动力进行深加工和包装，之后，再把成品运输到经济发达的地区销售。四大粮企都有发达而成熟的物流体系，都拥有强大的运输能力，在物流环节，它们的成本也能控制在最低水平。总之，通过在成本上的严苛控制，这些跨国粮企保证了企业良好的盈利能力和较高的利率。

再次，四大粮企都善做长期投资，不为一时的利润指标所左右，ABCD 四大粮企看重的都是企业的长远发展，而非短期回报。比如农业一般投资规模都比较大，见效慢，四大粮企对投资都能保持很大的耐心。比如，在具体的做法上，它们并不是仅直接向农民销售化肥种子，而是试图和农民交朋友，向他们培训科学种田等方面的知识。在这种情况下，农民朋友自然而然会优先考虑购买它们的化肥和种子，同时，农民也能根据他们的具体要求，生产符合四大粮商要求的农产品。

最后，四大粮企都很善于风险的控制与管理。比如嘉吉公司，它综合运用各种风险管理工具，来管理商品市场以及农业产业链的风险，24小时全天候研究粮食和期货价格，及时提供研究结果，并制定相对应的策略。比如路易·达孚公司，它利用期权、期货进行风险管理。当然，四大粮企本身都是产业链一体化或者多元化的企业，这也在一定程度上分散了企业的经营风险。

当然，四大粮企诞生的背景不同，成长的轨迹不同，在产业链的打造上，它们也有各自特点，都有自己独特的核心竞争力。

四大粮企中的 ADM，向来注重研发，它通过不断的科学研究来保持它强大的竞争力。它是生物燃料的积极实践者和推动者，是美国最大的生物乙醇生产商。ADM 和很多大的公司合作，比如宝洁、大众等，共同开发生物高科技产品。

四大粮企中的邦基，以掌握从农场到终端的完整产业链而闻名。在产业链的上游，邦基把自己生产的化肥卖给农业生产者；在中游，邦基收购农产品并进行深加工，在下游，邦基把加工的食品在全世界范围内销售。这样，邦基完成了从田间到餐桌之间的全产业链，邦基的产品和服务，能够从农田一直延伸到零售终端。

四大粮企中的嘉吉，因为最早从物流起步，到今天为止它的物流运输能力仍然强大，它拥有两千多辆大货柜车和四百多条平底运粮拖船等。虽然它是个传统农业企业，但是，它却走出了一条多元化发展的道路。在嘉吉的业务版图中，它不仅仅局限于农业，包括农产品加工、动物饲料和营养、化肥产业、食品产业等，它的业务甚至延伸到钢铁、金融、能源等表面上看似与农业关联性不是很强的行业。无论嘉吉的业务如何多元化，其注意力还是始终集中在自己所擅长的领域，围绕着核心业务，进行自然而然的产业链纵向延伸和横向拓展。

四大粮商中的路易·达孚，是唯一一家非美国籍的公司。经过一百六十多年的发展，路易·达孚以农业为主业，其四大产业已构成完整的相互关联、配合的产业集群。比如，它是全球散货以及物流方面的领导者。路易·达孚是全球最大的租船实体之一，并以此为其全球商品贸易活动提供了支持，其中的很大部分集中在谷物运输领域。再如，它注重粮食等的期货买卖，以平衡风险。

ABCD 四大粮企在全球攻城略地，掌握了全球粮食贸易量的 80%。它们拥有巨大的优势，比如悠久的历史、长期打造的企业文化、强大的科研实力、先进的管理理念与技术等等，但其最锐利的武器还是基于全球布局的全产业链。有了这个武器，它们就能规避风险，根据不同地区资源禀赋发挥比较优势，从而获得最大利润。

而中国，正是它们眼中最大的市场，最低廉劳动力来源国。中国还有着全球最优异的投资软硬环境和基础设施，把中国纳入它们全球粮食生产与贸易产业链中，是这些跨国粮企蓄谋已久的想法。否则，美国政府怎么会在它们的推动下，在与中国的世贸谈判中，将农业议题放在那么核心位置，寸利必争，非得要中国将农业与粮食领域全面开放给它们不可？

这是个阳谋，地球人都知道。

二、跨国粮企冲击下，中国国家粮食安全链岌岌可危

就像火山底下滚滚的红色暗流，ABCD 四大粮企和益海嘉里这些跨国巨头，借着 WTO 谈判后中国农业领域贸易与投资大门无阻敞开的西风，携带着各种产业链攻击锐器，汹涌而至但悄然潜行，冲击着中国粮食产业链的所有环节。中国粮食安全受到严重威胁，粮食自给目标步步后撤而几无可撤。

根据有限的公开资料，我们已经可以看到究竟是何种情形了！

（一）在粮食生产及其服务环节——粮食产业链的前端

跨国种企对中国种子产业釜底抽薪的危机状况，我们已在上一章中做

了专门介绍。此番情形，已让我们心急如焚。

还有更多看似美好的跨国粮企的投资行为，实则对我国掌控粮食生产前端危害重重。

堪称经典的案例是，嘉吉公司在吉林省松原市收购玉米深加工企业华润赛力事达后，在全市范围内建立"公司＋农户"订单种植、收购模式，从而控制、加工了该市1/4特供优质腊质玉米，一举成为国内最有实力的玉米深加工企业，同时还占据了相应种子、农药、化肥等市场。

这是2003年开始嘉吉在中国复制在南美成功的案例。

吉林省松原市地处我国黄金玉米种植带，嘉吉与华润合资前的企业设计能力为30万吨年玉米加工量，但企业投产伊始就陷入困境。2003年，嘉吉与华润以51%比49%的比例，以总额19亿元人民币的投资，全额收购了该公司并改名为华润赛力事达公司。这家被当地人习惯叫作"玉米深"的公司，甫一成立就非同凡响，连放数炮而深得松原民心。

首先，"虽然每年都要排长队，但'玉米深'的价格能比其他企业高几分钱，而且钱给得及时，送粮排队还有暖气房休息，玉米检测时农民和检验员都不能见面，很公平"。（农民邱正平原话）收购过程让农民心里觉得很温暖、很踏实。

其次，与农民签订的订单规范而又有保障。乾安县鳞子乡称子村农民宋俊福，家里有50亩地，2008年种了30亩腊质玉米，平均每亩比普通玉米多收入133元，当年12月在"中间人"来家里落实新一年的合同时，他很痛快："明年还种黏玉米，我要多种半垧（约等于8亩）。"几年下来，"玉米深"已经拥有一批这样的铁杆种植户。

最后，"玉米深"不仅组织农民进行腊质玉米的生产，还不断对农民在种植、粗加工及销售方面进行培训。"种地还有人教着种啊。"农民们对"玉米深"的服务非常满意。

嘉吉参股"玉米深"，不只带来了先进的管理经验和生产设备，还带来了先进的"公司＋农户"的新型合作关系，这使得"玉米深"迅速走出低谷，于 2005 年开始赢利，且成为国内玉米淀粉、葡萄糖浆及精炼玉米油、优质玉米蛋白等的主力企业。2007 年赛力事达完成 60 万吨扩能之后，其产值达到 10 亿元人民币，产品出口创汇 3000 万美元。

对于"玉米深"的成功，松原当地官方并不讳言是因为引进嘉吉的结果。"作为产粮大市，松原粮食产量的 80% 是玉米。'玉米深'的年生产加工能力达到 60 万吨，能够消化掉全市玉米产量的 10% 以上。这是这些年松原地区解决卖粮难问题的关键因素。"当地官员在接受记者采访时非常认可嘉吉所做的"贡献"。

感觉兴奋的自然不只是当地官员和农民。通过这个项目，嘉吉中国着手调整了其在国内的产业布局和发展策略。利用自己在全球的客户如美赞臣、惠氏、雀巢等大举进军中国之机，嘉吉开始在这家公司发展玉米加工的高端产品，如麦芽糊精。此外，赛力事达有 20% 的产品借助嘉吉的全球资源外销。

于嘉吉而言，还有一个更为可喜的附加成果——随着"玉米深"在当地的影响日渐广泛，嘉吉的名字也越来越被当地农民所熟悉。在约 1 个小时车程之外的榆树村，由嘉吉控股 66.5% 的美盛化肥举办的玉米种植培训会上，榆树村的谢连利指着印在美盛化肥宣传册上的嘉吉字样告诉来采访的记者，他经营的小店每年销售三百多吨化肥，其中有一半是嘉吉的美盛化肥。美盛化肥的中国区市场经理马卫民说："每年'嘉吉'都会举办这样的农民培训，遍布松原市二十多个乡镇，受益农民上万。"

这样的情形正是嘉吉复制其在巴西、阿根廷"成功"模式的结果。正是这种与当地政府、农户的"共赢合作"，使嘉吉与其他跨国粮企一起，完全控制了两国的大豆生产和贸易。在嘉吉们的产业链里，只要农民把粮食种出来，其他的事情它们都可以代为解决，化肥、农药、种子、销售等，一切都可以服务到家。当然，价格上也不会让农户吃亏——少许的一点钱，就可以获得农户长期的信赖，成为其忠实的粮源。

是的，它们只要稳定的粮源。

松原的农民们可以满足于每斤玉米从嘉吉公司那多卖了几分钱。但玉米原粮从"玉米深"进去，生产出来的麦芽糊精等，价值不止翻几个跟斗。通过与农户的亲密捆绑，嘉吉不仅控制了难得的腊质玉米粮源，而且为它的化肥、种子打开了销路，确定了市场……

对于嘉吉，松原这个项目仅仅是其在华34个独资与合资公司中的一个。它的对华贸易始于20世纪70年代，第一次对华投资是在1987年。在嘉吉的网站上，其业务被主要概括为5个方面：农业（动物营养、化肥）、原料采购及加工（谷物油籽、棉花、糖、海洋运输）、食品配料（淀粉与甜味剂、专业食品配料等）、工业（聚氨酸）和风险管理。具体来看，这家有着141年历史的老牌私人企业，在时间的累积和沉淀下，已经形成了一个从农业到食品加工，从能源到工业贸易的庞大而交错的业务体系。这些业务在中国也已纷纷"试水"。除却谷物加工及其他农产品加工，嘉吉目前在中国的业务还包括：作为世界最大的动物营养公司之一，嘉吉在中国14个省拥有18家饲料厂，提供普瑞纳、嘉吉、安亿科、乐恩贝等品牌产品，目前还有几家饲料厂在建；美盛化肥在中国的业务历史则更为悠久，目前嘉吉在江苏、烟台、秦皇岛以及云南都建有化肥厂。嘉吉在华投资、嘉吉及其合资伙伴在中国农业和食品行业投资约7亿美元，与中国的年贸易额约为50亿美元，雇用员工超过4400人。

自然，嘉吉在松原的故事并非独唱。

这种以"公司＋农户"等模式，以控制粮源为根本目的，同时通过向农户提供种子、化肥、农药及种植技术等"服务"构成农户对其依赖的故事，还发生在益海嘉里在东北三省和江南诸省的优质大米、山东和河南的小麦等主粮上，发生在路易·达孚在中原各省的棉花、东北和华北地区的玉米等上。

"大豆沦陷"的悲怆之音犹然在耳，玉米、大米、小麦三大主粮又开始被跨国粮企盯上。粮食生产及其服务环节，也就是粮食产业链的前端，已是危机突显！

（二）在粮食仓储、运输与加工环节——粮食产业链的中端

粮食产业链中端的故事主要发生在"大豆危机"之中。此战胜败分明了，正如前文所述，2004 年之后，"原来由一千多个内资油脂加工企业组成的'中国大豆军团'转眼间灰飞烟灭，仅仅剩下今日的九十多家——其中 64 家由外资控制，外资大豆压榨产量也从占全国产量的 18%，一下子飞跃到 85%！"

悲催的结果，让人不堪回首！

要知道的是，益海嘉里及其背后的 ADM，还有邦基、嘉吉等跨国粮企，都曾在这次大战中抄底抢市，在大豆贸易、加工环节形成对中国油脂市场全面控制。

值得警惕的是，在 2008 年国家鉴于产能明显过剩，明令控制外资企业上马大豆油加工项目时，跨国粮企邦基公司竟还置中国政府禁令而不顾，借中国民营企业振华油脂之壳，在江苏泰兴再上马一个投资额达 10 亿人民币、年加工大豆 200 万吨的超级项目！邦基携其在南美拥有巨大大豆粮源之便，强力扩充其在华豆油产能，挤占中国油脂市场的目的昭然若揭。而在此之前，邦基在华已有三家大豆加工企业，投资金额分别达到 5000 万、4800 万及 9800 万美元，而此次第四笔投资，金额将达 1.3 亿美元，足见其扩充产能心之切、力之巨。

在粮食产业链的中端，已经出现一些不容忽视的新动向、新危险。

第一个动向是，跨国粮企通过购并基层粮库，或请基层粮库代收代购粮食，进入中国粮食收储环节。

自 2004 年后，因为逐步实行粮食购销市场化，基层粮库不再获得国家财政补贴，完全自负盈亏。这使部分粮库生产经营艰难，负债沉重。此时，实力雄厚的跨国粮企抛出绣球，不少基层粮库认为那是解困良方，纷纷做起为跨国粮企收购和储存粮食的业务来。"益海与当地粮库之间的合作是双赢合作，这可以解决粮库改制所面临的经营困难，因此，粮库方面非常乐意。"在这方面"走在前面"的还是益海集团。它的一位负责中国

市场粮食业务的高层曾经这样告诉记者。可以佐证的是，2008 年 8 月以前，河北省某县的一家粮库曾为益海集团代为储存了 2500 吨玉米。若按照益海惯例的 45 元 / 吨的价格支付管理存贮费用计算，此项业务，可给经营艰难的当地粮库带来约为 12.15 万元人民币的收入。

根据《上海证券报》的报道，山东省兖州市大约活跃着 80 家粮食"经纪人"，以前这些大多是个体粮商和民营粮食企业，都有粮食收购许可证。益海看中了这些粮食"经纪人"的牌照和能量。通过他们的活动，益海已经形成以兖州为中心的粮食收购网络，这个网络向西拓展到菏泽、梁山一带，东到泗水，北到宁阳。而以此为基础，2007 年，益海在兖州投资建设总额达 6 亿人民币的一系列项目。其中包括日处理 500 吨花生压榨油项目、日处理 1000 吨小麦面粉加工项目、粮油物流项目、良种繁育及示范推广项目、供销社网点整合项目等。几乎在几年之内，益海已经在兖州搭建起了以粮食收储、库存、加工为一体的粮食产业链。

发生在兖州粮管所身上的故事，仅仅是个缩影。在河北的沧州、河南的周口、山东的嘉祥、陕西的宝鸡、吉林的白城以及郑州、安徽、江西等地，益海集团大规模复制了"兖州模式"，与当地粮库建立了代购代管的合作关系，甚至建设了加工厂和销售渠道。网上随便一检索，很容易就可以看到益海招聘仓库管理员等岗位的信息。

日渐浮出水面的案例不止于益海集团，邦基、嘉吉、路易·达孚等跨国粮企都通过类似途径渗透到中国粮食流通市场的广大领域。

第二个动向是，跨国粮企大规模进入中国粮食物流领域。

粮食物流从来就是跨国粮企的长项。四大粮商中的嘉吉，因为最早是从物流起步的，所以它一直重视物流体系建设，到今天为止它的物流运输能力依然强大，拥有 1.3 万节铁路车箱、2250 艘平底运粮驳船和 1200 个货柜车等。而路易·达孚则是全球散货以及物流方面的领导者，全球最大的租船实体之一，它以此为其全球商品贸易特别是谷物贸易活动提供了支持。

中国食品土畜进出口商会曾经组织过中国大豆行业相关人士，集体去大豆资源丰富的南美考察。考察后发现，ABCD 四大跨国粮企以向土地所有者发放生产贷款的方式，控制了南美绝大多数的大豆生产。同时，它们在南美大规模修建铁路、公路、港口等交通设施，以完善物流配送之便，甚至达到了控制仓储运输，影响国际航运，从而控制了国际大豆资源的流通环节。

而面对中国日益扩大的谷物贸易市场，四大跨国粮企也在加大针对中国市场的物流方面的投入。最新的报道是，邦基公司宣布将在美国华盛顿州的龙威港（Port of Longview）新建一处谷物出口枢纽，建成后谷物年装卸能力将超过 800 万吨，这一枢纽可以容纳 4 列铁路货车，每列火车由 110 节车厢组成，任何时间都可以进行装卸。这些货车上装载的谷物、油籽和豆粕等原料的出口目的地只有一个：中国。而据了解，在二十多年的时间里，作为四大跨国粮油巨头之一，邦基公司在美国从来没有因为出口而大兴土木，但是为了进一步抢占中国的粮油市场，邦基公司打破了这一历史纪录。

支撑邦基公司进行此番投资的原因是，邦基对中国粮油市场前景的看好。在邦基看来，随着中国城市化的加速和养殖业的日益规模化，中国对饲料和豆油的需求将不断增加。2008 年，中国进口大豆 3744 万吨，与 2007 年的 3082 万吨相比，暴增近 700 万吨。根据中华油脂网的数据，2008 年进口的 3744 万吨大豆中，40% 以上来自美国，邦基公司无疑是其中的主要受益者之一。

在中国，进入涉及粮油物流领域时间最早、力度最大的，还是益海嘉里集团。

这方面最大的新闻来自郑州。

2010 年 3 月，益海嘉里粮油食品加工暨铁路物流项目在郑州经济技术开发区奠基，该项目包含小麦加工和小包装食用油项目各一个。而最引人注目的是，这个项目是益海嘉里与郑州铁路局共同设立的，包含有 3 条铁路专用线，建成后总吞吐容量达到年 200 万吨。由此，益海嘉里将使郑州成为它雄踞中原的粮食流通、加工基地。在郑州经济技术开发区，此园名为"河南新加坡物流产业园"。

挂着益海嘉里的名号的类似"物流产业园"实际上在全国已遍地开花。在四川成都，益海嘉里（四川、重庆、新疆）区域总经理赵红梅说："我们正在青白江建设四川首个集大米、面粉生产加工以及现代物流为一体的粮食产业综合基地，建成后年产值估计达三十多亿元。"在湖南衡阳，当地政府的网站非常自豪地宣称："2009 年 10 月投产的益海嘉里粮油物流园总投资 2.4 亿元，一期工程投资八千余万元，建成 5000 吨食用油灌区、1万平方米仓库、3000 平方米商铺和码头、铁路专用货场等设施……它的建成，将使衡阳今后成为湘南地区最重要的粮油加工、集散基地。"《盘锦日报》报道，2011 年 7 月 27 日，益海嘉里仓储物流与粮食深加工项目在盘锦签约，这个设立在辽滨沿海经济开发区的项目总投资 18 亿元人民币，建成投产后将把盘锦打造成辽宁粮食深加工和物流重要平台……类似的报道在新闻媒体中已是屡见不鲜。

中国社会科学院工业经济研究所投资与市场研究室主任曹建海认为，跨国粮企近来的动作纷纷指向粮食流通与粮食加工，尤其是收购地方粮库的行为，更是足以彰显跨国粮企卡位流通领域的野心。黄德均说："外资粮企在中国广泛布局，拥有这么多工厂，它们需要稳定的粮源。"要有粮，就要有仓存，有车运，跨国粮企思路非常清楚。仓储、物流是卡脖子的环节，"圈地运动"使跨国粮企抢占了仓储、物流先机，承担着国家粮食调控任务的中储粮、中粮怎么办？将可能变得无库存粮、无车运粮、无粮可存、无车可运！

人无远虑，必有近忧。

（三）在粮食（食品）的销售和服务环节——粮食产业链的末端

这是一个短兵相接的战场。

面对着千家万户做营销，一般都会被认为是企业在充分自由竞争。

但难道没有先来者的竞争优势吗？

有，在中国粮油销售领域，跨国粮企依然占尽了优势。最典型的还是莫过于益海嘉里金龙鱼的"一夫一妻制"销售网对中粮福临门的挤压。

在中国油脂市场上，有实力与益海嘉里进行针锋相对拼杀的，唯有中粮集团和它的福临门。在与益海嘉里旷日持久的市场争夺中，中粮很快就发现自己有一根软肋，那就是"分销渠道"，而这又恰恰是益海嘉里的撒手锏。经过早于中粮10年开始的运作，益海嘉里通过它的"一夫一妻制"——每个经销商只能代理金龙鱼系列食用油品牌，金龙鱼在一个地区只选择一个经销商——培养了一批千万级销售额经销商。如今，嘉里粮油的独家代理制度已经推广到全国，有六百多家经销商与益海嘉里粮油保持合作。

这对中粮来说，是横在面前的致命门槛。"我们几乎在每个城市都找不到可以与之分庭抗礼的经销商。"中粮杭州公司某位负责人这样说。

这样的情况不仅在杭州出现。北京的朝批渠道覆盖河北省，上海南浦销售额上百亿，广州的华鑫也成为华南大腕。对于中粮来说，优秀的渠道几乎全部被益海嘉里给"专营"了。

局面似乎显而易见，每个城市里最好的渠道平台公司均捆绑到益海嘉里，而益海嘉里产品系中第二大、第三大品牌胡姬花、鲤鱼等接着也通过其"第二梯队"分别"占领下一级位置"。益海嘉里在覆盖渠道上，规模已非中粮可企及。全国接近300个城市全面覆盖，代理商在当地都是实力名列前三的"地头蛇"。

这样的布局，对中粮的阻碍很大。益海嘉里的最大代理商一年销售额达12亿元人民币，这对于中粮当前的代理商来说根本无法做到。益海嘉里小包装油的年销售总额300亿元人民币，而中粮才60亿元人民币，这样的市场较量存在明显落差。

渠道与终端"高地"被对手牢牢占领，这成了中粮必须直面的问题。

产生在粮食产业链末端的这些风险和压力，其实还体现在跨国粮企们多层次、全领域的市场之中。有些中国企业还无力应对，有些中国企业已经早早放弃，但留下的无穷后患却是国家不得不正视的。

比如，跨国粮企掌握了最先进科技。ADM公司将其科研优势转化为谷物和油籽原料深加工后在食品业、饮料业、保健品业和畜牧饲料市场中的多种产品，她几乎每十年就为她的农产品业务增加一个盈利中心。例如亚麻、面粉加工、大豆加工、各种增值产品、运输业、玉米甜味剂、工业乙醇、花生加工，以及近来开发的发酵产品——氨基酸和营养保健品、功能性食品以及饲料添加剂。而这些是中国国内企业用多少年都无法达到的。

再如，跨国粮企拥有超强的研究能力和信息发布渠道，能够直接影响国际粮食市场的走向。还是再看ADM公司，经过70年时间的锤炼，它打造了一个世界上独一无二的信息技术团队。在它们所建造的www.e-adm.com网上，提供了极佳的农业生产、销售等方面的服务。在那里，客户可以看到实时的交易和天气情况，ADM特定区域的谷物报价和市场信息，以及顾客在何地开发票、支付清单，存货管理和物流服务等都一目了然。从中收益者包括数以万计的农场主、顾客和全球的最终消费者，它也使ADM自己成了世界农业综合企业的领导者。

还如，跨国粮企的产业链延伸到金融领域，它使其协作者，包括生产者和最终消费者，均能得到周全的涉粮金融服务，同时，它们也能借此规避市场风险，获取更大收益。ADM围绕"金融＋农业"搭建了这个涉及信托、银行、期货、投资咨询的金融体系，既延长了价值链，又为其他业务发展提供了信息支撑和资本后盾，可谓一举多得。路易·达孚是最早就开始使用期权、期货的公司之一，它充分利用期权、期货进行风险管理。在中国，它充分利用现货与期货两种手段，在芝加哥和郑州两个期货市场兴风作浪。"做棉花当学路易·达孚"，成了中国普通棉农都知晓的道理。

依靠这些假以时日才能学到的东西，跨国粮企目前已在中国粮油市场上占尽优势，它们已经成为横亘在中国粮企面前的高山深坎，吞蚀着中国粮油市场的丰厚收益，形成我国粮食产业链中巨大的风险。

中国粮企们，要正视挑战，更应奋起发起反击！

三、中储粮、中粮的全产业链，任重而道远

在中国，如果哪家国内粮企不说说全产业链，那它都不好意思在中国粮油市场上混了！

知道这个道理，一是在于企业在生存和发展过程中，必须收取全产业链各环节所带来的收益，或者说，尽量避免产业链某个环节的失控而导致利润的流失；二是在于在食品安全问题迭出的情形下，将食品从地头到餐桌全部让自己看得见、摸得着，自己也放心，或者说，告诉消费者们自己这样做了，消费者也会放心；三是在跨国粮企咄咄逼人、国人对任何敢于与它们对抗的行为施予赞誉的情形下，"咱也做全产业链"会是一个极好的广告词。

已经有许多国内粮企这么喊、这么做了。

翻开报纸，重粮、豫粮、京粮、"北大荒"等，都已经把打造一个粮油全产业链作为自己的使命。

但真正能够与 ABCD 四大跨国粮企和益海嘉里在中国版图上、在全领域范围内相抗衡的，唯有中储粮、中粮两大集团。这种抗衡使命，它们不应只是"能够"，而应该是"必须"！

（一）中储粮：由"大粮仓"向"大粮商"的转变

正如第一节所述，2000 年，在中储粮成立之初，国务院对其提出明确要求，即"确保中央储备粮数量真实、质量良好，确保国家需要时调得动、用得上"，即"两个确保"，做到"维护农民利益、维护粮食市场稳定、维护国家粮食安全"。

从理论上讲，只要调控机构有足够的调控储备粮，局部地区粮价的过快攀升都可以被平抑，但问题是，不断释放储备依赖于调控者能够不断吃

进市面上多余的粮食——2008年，农产品出现全球性牛市，中储粮调控的可持续性就显得有些脆弱了。它用以调控的"临时存储粮食"来自于每年的托市收购，而当时直到现在，无论是国际市场还是国内市场普遍对米价看涨，农民惜售心理和米商们的囤积欲望都很强烈，由中储粮代行的政府托市收购对市场的调控力正在受到挑战。

应该说，到目前为止，中储粮以其占市场份额10%不到的收储能力，较好地完成了国家粮油市场调节任务。

中国粮油市场在发展，中储粮的思路也在改变。2007年4月从贵州省副省长调任中储粮总公司总经理的包克辛说，"中储粮服务宏观调控的效果和效率，还不能令人十分满意"，"国家粮食宏观调控向前直接惠及农民，向后直达终端粮油市场的趋势越来越明显，但中储粮的业务仅局限于储备环节，产业链条太短"，势必影响中央对粮价调控的成效。

支撑包克辛思路的理由至少来自两个实例。一是2008年四川汶川地震期间，中储粮总公司应国务院要求，从各省市储备库向灾区调动大批原粮。但是粮食运达时才发现，当地粮食加工企业受灾严重，无法对原粮进行处理加工，而调往灾区的成品粮数量有限，灾民吃饭一时仍成了个大问题。此次教训使国家粮食管理部门和中储粮总公司形成共识：需要筹建大型稻米加工企业，对国内成品粮市场具有相当的话语权和调度能力。二是某年豆油上涨过快，在国务院的要求下，中储粮拿出20万吨大豆原油投放市场，结果发现市场无动于衷，原来，这些原油被某跨国粮企全部吃下囤起来了。这样的被动局面只是在中储粮向中粮等国内粮企定向投放储备豆油，由它们按调控价出售小包装食用油后才得以改变。

这些情况使中储粮更加坚定由"大粮仓"向"大粮商"的角色转变。

2010年，因受到中储粮模糊了"政策性"与"经营性"定位的质疑，当年的夏粮收购，国家引进了中粮、华粮和中纺参与其中，中储粮执行收储的特权一时被打破。此后10月，因牵涉到助推粮食收储市场价格影响粮价调控之议，中储粮又被叫停了"储备吞吐轮换"粮油之外的所有商贸业务。

此一波折虽打断中储粮角色转变的步伐一年时间，但波折过后，中储粮专储地位得以重新确认，它的步子迈得更大，经过短短的两三年时间，中储粮全产业链轮廓已经开始显现。

在上游的收储，中储粮开始主动向前延伸，通过为农民提供无息生产资金，购置化肥、种子、农药等生产资料，到秋收农户交粮时再用粮款抵扣的方式，大范围开办"三农服务社"。据中储粮内部人士介绍，仅在河南省范围内，中储粮就开办了超过 2 万个"三农服务社"，基本上覆盖了河南的所有乡村。目前，中储粮的订单农业面积已经超过了1130 万亩，正计划将这种方式在全国主要产粮大省推广，以进一步控制上游粮源。

在中游的加工环节，中储粮积极与各地方粮企合作，积极扩充食用油、大米、小麦等的加工能力。以食用油加工为例，按照 2008 年国内公开的油脂加工企业排序，在前 10 位益海嘉里、九三油脂、中粮、嘉吉等公司中，还看不到中储粮的影子，而据中纺集团的一位高层说，目前（2012 年）中储粮年粮油脂加工产能已经上升至接近 300 万吨，排名上升至第 6 或第7 位。

在下游的销售环节，中储粮在上海正式推出中包装的海上花食用油，2011 年年底则推出小包装食用油，与金龙鱼、福临门等小包装品牌食用油竞争市场。

截至 2009 年底，中储粮从事粮油加工业务的企业共有 74 家，业务范围涉及大米加工、面粉加工、食品加工、玉米加工、油脂加工等多个领域，其大米年加工产能已超过 150 万吨，面粉超过 100 万吨，植物油超过 150万吨。据了解，中储粮不仅从粮油仓储扩展至下游加工、贸易、物流等环节，还开始进军种业，培育自己的种企实体。

中储粮的全产业链转身，是不是值得国人期待？作为中国粮食领域的调控主体，它能否担当如此大任？我们拭目以待。

（二）中粮：打造全产业链，向跨国粮企看齐？

在中国粮企中，全产业链提得最早、喊得最响的莫过于中粮集团。

这家老牌国有粮油贸易企业，在 2004 年以前的周明臣时期，就已经在国资委主管的一百多家央企中崭露头角，转变成为粮油贸易加工一体化企业，初步形成食品加工、粮油贸易、粮油期货与金融服务、酒店房地产业四大核心主业，并通过香港借壳上市及股权多元化，在完成中粮生存的同时，成功实现了中粮与资本市场的对接。

周明臣之后，宁高宁从华润集团空降掌管中粮。宁高宁沿续其在华润时期惯用的扩张手法，展开了一系列令人眼花缭乱的资本运作，截至 2010 年 11 月，中粮旗下已形成中国食品（0506.HK）、中粮控股（0606.HK）、蒙牛乳业（2319.HK）、中粮包装（0906.HK）四家香港上市公司，以及中粮屯河（600737.SH）、中粮地产（000031.SZ）和丰原生化（000930.SZ）三家内地上市公司。在中粮庞大的资产体系中，只剩下土畜产品业务等少部分资产尚未打包上市，但近期也传出消息称，中粮已经着手对土畜产品业务资产进行评估。中国资本市场上的中粮系正式露头。

2009 年，中粮正式抛出全产业链的发展战略。

在中粮自己的官网上，关于全产业链，中粮给出了自己的标准答案——"作为高度关联一体化的产业，粮油食品行业涉及农业、加工业、制造业、流通、金融等不同领域。我们通过全产业链这个开放的动态系统，以参股、控股、联盟、上下游整合、合作等诸多方式，通过控制或可影响的资产，实现链条的整体可控，最终把整个行业组织起来。"

事实上，中粮也的确往全产业链的方向上去努力。中粮先后两次进行了集团组织系统的变革。2006 年，中粮集团按照"业务单元专业化"的要求，将原有的 43 个业务单元调整为 34 个，由集团总部直接管理业务单元；2007 年 1 月，中粮集团又按照商业逻辑，将集团 34 个业务单元调整成 9 大板块，集团仅负责总体战略、资源配置等方面的决策，其余经营管理等具体工作均由业务主体自行决定。

全产业链概念抛出之后，虽然在每个板块上面，中粮几乎都遇到一个泰山压顶式的对手，如做食用油不如益海嘉里，方便面、果汁不如统一，巧克力不如德芙，肉食不如双汇等。但中粮在每一个板块上的出现，都使得其原来的行业领先者感受到巨大的压力。2009 年，外资粮企在粮油加工上的发展步伐明显放缓，国家在国内粮油市场上的调控能力明显增强。以益海嘉里集团为例，在食用油领域的强势出击姿态开始收敛，转攻大米、面粉领域。此外，益海嘉里还计划利用香港上市转换其外资身份，并将其全球研发中心设在上海。这种中外粮企在国内市场主导角色的悄然变化，固然与国家政策的限制与引导有关，以中粮为首的国内粮企的强力挤压式竞争也起到了重要的作用。

　　但中粮的快速成长，包括其全产业链的打造也面临着诸多的质疑甚至不满。从其内部管理层面看，中粮面对的最大问题不是终端销售市场上的压力，而是如何平衡上市公司与非上市公司的激励，如何选择最有激励作用又符合国资委规定的激励工具，如何权衡总部与业务板块的业绩指标。中粮会变成一只老虎，还是一头大象，宁高宁本人也深为忧虑。他曾一针见血地指出："目前我们只是增长了规模，把负债比例提高了，一个瘦子变成了胖子。当然这个胖子不是通过他真正的骨骼和肌肉成长起来的，他的脂肪比较多，这是我们面临的问题。"而其全产业链战略也面临两个问题，一个是整个的企业组织比较混乱，企业组织内部的界限太分明，小团体利益很多；另外一个就是产业链自身在上下游之间不是完全对接。

　　中粮能否如其所展现的成为一个像 ABCD 那样实力超强的跨国粮企，还存在许多的变数。但广阔的中国市场、强有力的政府支持，无疑为中粮目标的实现延展出光辉的道路。

　　但政府、学界和民众对中粮要求的不只是它自身的成长。作为"共和国嫡子"，央企中的中粮，其发展的核心目标应该是代表中国在世界粮食市场行使话语权，进而掌握中国在粮食领域的控制权。中国作为世界上最大的粮食生产国和进口国，不仅在粮食定价权上始终没有发言权，而且在四大粮企步步为营的紧逼下，中国粮食产业面临重重的围堵。虽然中粮目前的粮食进口权有所削弱，但其仍然控制着中国 90% 的粮食进出口业务，但"（包括粮食等的）核心业务没有做强，在对外掌握中国粮食的话语权上无所作为，中粮难辞其咎"，一些了解和关心中国粮食安全状况的国内人士心急如焚地表示。

中粮集团在打造全产业链的过程中，能否由"象"变"虎"，成为中国的 ABCD？它与外资粮企进行正面竞争时，作为国家粮食领域的国家队，能否担当夺取粮食市场话语权的如此大任？我们同样拭目以待！

而且，我们还期待：更多的中储粮、中粮能成长起来，关键时刻像个男子汉样地站出来，在维护国家粮食安全上承担起应有的使命。

第四章　粮食进口安全：跨国粮企控制的国际市场靠不住

　　中国的农业产业，在涉及百姓食油的油料种植、加工业拱手让人之后，涉及百姓吃肉的饲料粮种植、加工业也已在进口依赖的旋涡之中，相对安全的只有小麦、大米、玉米三大主粮了。这三大主粮就真的很安全吗？

　　未必。上一章关于中外粮企在国内粮食产业链上进行争夺的介绍已清楚表明，国内粮食生产、加工、储备、分销等产业链各环节危机四伏，所谓"95％的粮食自给率"很快将成为一句空话！

　　已经有人在说："没关系呀，国内粮食不够，可以花钱在国际市场上买嘛！"——国际市场就那么靠得住吗？

　　即使是不计入油料这一块，以饲料粮和主粮95％自给率计，剩下的5％国际粮食调剂指标，在当今被国际粮商和国际"金融大鳄"合谋主导的国际市场上，怕也是镜中之花，是靠不住的。

第一节　靠不住的国际粮食市场

一、菲律宾之痛：元首外交只为求购大米

说起来都是匪夷所思的事情。

菲律宾，一个将近 9000 万人口的国家，在东南亚地区人口并非最多。它气候条件优越，特别适合稻米种植，著名的国际水稻研究所都设在它的境内。直到 20 世纪 80 年代，菲律宾还是稻米出口国。但正是从 70 年代开始，菲律宾开始了其颇为自豪的"外向型工业化"进程，从开始时工业品只占全部出口额的 7%，到 21 世纪初占到了 90%。骄傲的菲律宾人逐渐放任了本国的粮食生产。他们满足于年最高进口大米没超过 220 万吨的状况，认为只要工业发展了，手里有钱了，靠进口大米也能安安稳稳地过日子。

但他们想错了。

第一个想错了的是，进入 21 世纪以来，在菲律宾大米生产的增长率维持在 1.9% 的低水平上时，菲律宾人口增长却达到了年均 2.36% 的水平，相应的粮食消费（主要是大米）需求上升——2006 年菲全国大米消费量都还只是 1059 万吨，到 2008 年却增加到了 1205 万吨，增长速度不可谓不惊人。相应地，菲大米缺口不断加大，进口压力逐年增加。

第二个想错了的是，国际粮食市场特别是大米市场，并不是个容量很大的市场，一旦市场上有什么风吹草动，价格随之飚升不说，即使有钱，还可能因为大米出口国的禁售而买不到。

2008 年的菲律宾就遇到了这样有钱也买不到大米的时候。元首外交，这个时候被迫用在了求购大米的事情上。

4 月的马尼拉，时任总统阿罗约着急上火。她到越南访问，要求越南承诺供应 150 万吨大米，但越南只答应了 100 万吨，其中还有 70 万吨是去年已经签过合同的。没办法，又到柬埔寨寻找出路，紧接着又邀泰国总

理访问，商谈 6 月份泰国向菲输出大米。即使如此，阿罗约总统还保持了适当的风度。她安抚自己的百姓说："政府从泰国进口大米，不是因为大米短缺，而是为了使大米价格稳定在一个较低水平上，因为大米生产成本仍然略高于普通的菲律宾人所能够负担的水平。"

马尼拉街头的情形却不太给力。400 家国家粮食署授权出售大米的粮店，每天都是一大早就排起了等着买米的长队。由于供应不足，国营粮店经常无米可卖，连续几个月来更是每周最多营业 3 天。为防止抢购囤积，粮店从当年（2008 年）2 月起规定每人每天限购 3 公斤，并靠在手指头上用墨水做标记杜绝重复排队。国营粮店出售的平价大米仍保持价格稳定，每公斤 18.25 比索，约合人民币 3.05 元，自由市场上的大米价格则飙升了8 ~ 10 比索，最低也要卖到每公斤 30 比索，有的甚至高达 50 比索。为应对危机，政府宣布追加 50 亿比索补贴稻农，希望此举能带动地方政府为水稻生产再投入 320 亿比索，刺激国内稻米生产。

"远水解不了近渴"，而且，菲律宾人没有想到的是，这个时候的"远水"价格已经飞天。菲律宾 4 月 8 日宣布将进口 100 万吨大米的时候，大米价格已经连续 4 天破了纪录。芝加哥交易所大米涨到了每 100 磅 21.60 美元，比一年前的 10.08 美元翻了一番还多。麻烦的是，菲律宾人急需大米，大米出口国方面却收紧了出口的米袋子。3 月 27 日，国际米价标杆的泰国100%B 级大米出口报价由每吨 580 美元上涨到了每吨 760 美元，涨幅超过了 30%，达到了 20 年来的最高点。"米荒"一下子蔓延开来。3 月 28 日，越南政府也表示将削减 20% 的大米出口量，此前经过持续数月的价格上涨，大米的零售价已暴涨了六成。同一天，印度也宣布调整大米出口价，在 3 月 27 日 650 美元 / 吨的基础上，一次性提价 350 美元 / 吨，增至 1000 美元 / 吨，涨幅近五成。4 月 1 日，印度政府再次宣布，将暂停出口大米以缓解国内米价高涨。如此算来，随着这些主要大米出口国大幅削减出口量，全球大米的供给少了 1/3。恐慌于是进一步加剧。政府的紧张转化为种植者的惜售和商人的囤积行为，几种力量推波助澜，加剧了动荡。

更有甚者，时任泰国总理沙阿又捡起柬埔寨首相洪森曾经提出"大米输出国联盟"的倡议来。2006年，洪森提出，湄公河流域有能力出口大米的国家应该成立一个类似石油输出国组织的所谓大米输出国组织，以帮助稳定全球的大米价格，以"大米欧佩克"对抗"原油欧佩克"。洪森此说道出了大米出口国的心声，却激起了像菲律宾这样的大米进口国的强烈反应。"米盟"一说再起，在菲政府口诛笔伐之时，菲律宾国内的投机商人却打起了挣取政府补贴的主意，把政府补贴的卖到贫困地区的粮食又运回了粮库，准备高价出售。这些投机行为一经曝光，更在菲国内引起轩然大波，米价走向轮番上涨的恶性循环。菲政府被迫向全国派驻"大米警察"，强力打击囤积者，以确保大米供应的基本稳定。

国际市场粮食暴涨，菲律宾政府不得不吞食长期轻农的恶果。虽然自然条件优越，但自20世纪70年代起即转向发展高价的外销型经济作物的菲律宾，在粮食生产部门未经土改的情况下，道路建设、农机、水利、作物改良、研发、推广等方面没有任何投入，农村设施建设严重滞后，农业生产力仅以每年1%左右的幅度上升，1996～2000年间的增长幅度甚至低于1%。随后菲律宾又在WTO框架下开放市场，进一步打击了农业部门的生产力。相反，泰国则在1982年制订了20年农村发展计划，对农村实行连续性优惠政策，千方百计降低农民生产成本。泰国政府甚至还采取措施，直接干预国内市场，保住大米的竞争优势。在政府的长期扶持下，泰国终于成为举足轻重的大米出口国。

两相比较，在粮食问题上，泰国政府重视农业，不仅实现粮食自给，而且还成为大米出口国，而菲律宾政府在农业问题上无所作为，危机时人民的饭碗难保。粮食危机时国际市场靠不住，菲律宾政府应该吃一堑长一智！

二、被操纵的国际粮食贸易：还是以"大米危机"为例

在正常年景下，国际粮食贸易并不会出太多问题，毕竟国际粮食供求

在一定时间内相对是稳定的，即使有小的波动，无论是供应方还是需求方有一些量的变化，比如由于人口的增加而导致的需求增加，市场也能对此做出及时反应，增加供给以弥补需求，或以增减库存作为调节手段。国际粮食市场的动态平衡是可以得到保证的。

怕的就是年景的不正常。

所谓的年景不正常，说的就是极端气候的出现导致粮食的大幅减产。在当今全球气候变暖、极端气候变化频发的情况下，因为干旱、洪涝等天气突变带来的粮食减产、歉收的新闻开始频频出现在报纸之上、饭桌之旁。

问题不在于这些异常天气所带来的实际减产数量——事实上，干旱或者洪灾过后，实际的减产数量往往低于当时"市场上"所预测的数量——问题在于，在当今粮食金融化的大背景下，国际粮企和金融寡头们太需要这些负面消息来搅动粮食市场的沉闷气氛，为粮价的上下波动创造由头，为它们买空卖空利润表增添亮丽的向上弧线了！

这其实是非常容易理解的金融戏码，只是粮食供给国与需求国的政府和企业无意中、无奈下配合了人家的演出罢了。

还是以 2008 年这次"大米危机"为例。

在再谈危机原因之前，先得介绍一下国际大米市场的基本格局。

很多人会想不到，全球年总产量达到 3.5 亿到 4 亿吨的大米，其贸易总量竟是如此之小，即使贸易量较多的 1993 ~ 1994 年度，也只有 0.1634 亿吨，仅占该年世界大米产量 3.6 亿吨的 4.54%。随后几年，大米的贸易量虽有所增加，一度增长近一倍，但仍是国际粮食贸易中的小品种。而与大米贸易相关的国家数量也不多，大米出口控制在少数国家手中，进口国也主要集中在东南亚、南亚、中东一些国家，如印尼、菲律宾、孟加拉等国家。泰国、美国、越南、巴基斯坦和缅甸等国出口份额约占世界大米出口量的 80%，20 世纪 90 年代一些极端的年份，仅泰国和美国两个国家就占到世界出口份额的将近一半。但美国大米品种多是中粒米或短粒米，只有日本人做寿司的时候才能用上，不符合大部分进口国的口味，在出口国中地位并不重要。现在，泰国、越南和印度则占到全球贸易量的60%，三个国家对世界米价起到了举足轻重的作用。世界排名第一二位的大米生产大国未必是出口大国，印度虽然以近亿吨的大米产量稳居世界第二大米生产国，但是其大米出口量也只排到第五六位。中国大米年产量1.8亿吨，排名世界第一，但中国大米绝大多数用于自销，每年只出口上百万吨，加之一定量的进口，基本处于自给自足状态。用于贸易的总量偏小，参与大米的进出口国家不多，使得大米价格不波动则已，一波动就对一些国家带来伤筋动骨的疼痛。

一般认为，2008年的"大米危机"有其"客观"原因，即全球大米价格确实有大涨的理由。美国农业部数据显示，到2007年7月底，世界稻米储存量达7210万吨，是自1984年以来的最低点，全球库存消费比则创近年新低，达到16.9%，低于联合国粮农组织规定的安全线。再加上还有异常天气的诸多炒作因素，如，中国的冰灾和东南亚遭受的寒流，稻米生产受到了影响；美国南部的暴雨和洪水也使得2008年的播种推迟了，头一年这个时候，美国6个水稻种植州已经有21%的稻田完成育秧，现在却只完成了11%。更可靠的炒作缘由是，全球大米产量呈现逐年小幅上涨趋势，2007~2008年全球大米产量4.21亿吨，消费量为4.24亿吨，大米产不足需。于是，在小麦、玉米、大豆价格均已轮番上涨的情况下，大米价格飙升也就是顺理成章的了。

多米诺骨牌是先从印度倒下的。

早在2007年3月，因为感受到小麦价格的疯涨所带来的强大通胀压力，印度政府强行关闭了期货交易所小麦和大米两个品种的交易，三家交易所的小麦和大米品种只能平仓不能开仓。但政府此举并没有带来粮价的稳定，相反，一年之内，小麦价格上涨了180%，大豆价格涨了82%，最后轮到了大米价格的追涨。而在印度，通常是用大米出口来换取小麦进口的，因为通常情况下，1公斤大米能换回来1.5公斤小麦，但在国际小麦价格大涨，大米出口价与小麦进口价不相匹配的情况下，印度大米价格也开始上涨。米价的上涨迫使政府一再对大米出口采取限制措施，从 2007 年 9 月，印度暂停大米出口，累计减少大米出口 250 万吨。印度出口少了，寻求进口的国家只有在泰国和越南弥补供需缺口。越南拿不出更多的米，泰国几乎耗尽了库存。这就导致了国际大米危机的爆发。菲律宾人开始抢米，他们的总统被迫用元首外交来求购大米。

以上就是 2008 年"大米危机"的来龙去脉。

富有戏剧性的是，正当国际大米价格飙升至 20 年来的最高点时，美国《华尔街日报》发出警告，亚洲和非洲地区将可能出现粮食短缺局面，进而引发这些地区国家的骚乱。此番警告被菲律宾媒体指责为，美国人的煽风点火加剧了危机。

在这件事上，菲律宾媒体的责难也许是对的。煽风点火、推波助澜、落井下石是美国金融寡头操纵下的美国媒体常干的事。但，美国人仅仅做了这一点点吗？

三、美国农业部报告：有形的数字操纵无形的市场

2011 年 7 月，中粮粮油有限公司副总经理兼首席风险官费忠海对美国农业部（USDA）公布的 6 月市场数据提出质疑，2011 年，从 6 月初到 6 月末，美国农业部对美国玉米种植面积和库存量均做出了较大幅度的"修正"。公开数据显示，该机构于 6 月 30 日发布的数据显示，2011 年美国玉米播种面积将达到 9230 万英亩，比之前预期高出 1.7%；6 月初，美国玉米库存为 36.7 亿蒲式耳，比上年同期减少 15%。"这样的数据太不可思议了。在过去的两年内，美国农业部公布的农产品数据中，玉米的数据让所有的交易者感到像坐过山车一样。"费忠海如此评价国际农产品数据权威统计机构美国农业部的公开数据。他指责说："美国农业部数据对我们这种研究者来说是一种侮辱，如果数据以这种方式公布，像我们这样的公司就无法在期货市场上进行对冲，可能造成极大损失。"

费忠海缘何有如此之论？他指出的仅仅是一个现象，还是在这个现象下面还有什么真相？

事实上，跟费忠海一样怀疑美国农业部用数据操纵市场的还大有人在。

我们先来说说农产品期货市场到底是怎么一回事。

当前，国际大宗商品包括农产品的定价主要有两种方式。对有着成熟的期货品种和发达的期货市场的一些大宗商品品种而言，其价格基本上由国际最著名的期货交易所标准期货合同的价格来决定，比如美国芝加哥期货交易所的大豆合约。对于还没有受到广泛认可的期货品种和期货市场的初级产品而言，其价格基本上由该产品的主要卖家和主要买家每年谈判达成。现在，大宗农产品国际贸易商品的价格主要参照或依据几家主要期货交易所的期货价格，因为期货价格被认为已经反映了影响价格的诸多因素，包括基本供需关系、地缘政治、突发事件、投机炒作等，所以完善的期货市场价格有很强的指导性，成了国际贸易的定价基准。比如，包括小麦、大豆、玉米等主要农产品的国际定价中心就是芝加哥期货交易所（CBOT），这些农产品的现货及贸易价格均以其为基准。举例来说，中国某企业要买入巴西大豆，其最后成交价即为 CBOT 的大豆期价，再加上一个升贴水（premium）。因此，谁能影响期货价格，谁就掌握了商品定价的主动权。也正因为如此，发达国家才如此重视期货市场的发展，全球重要的大宗商品生产商和贸易商（跨国粮企 ABCD 既是生产商，又是贸易商）才如此关注和参与国际期货市场，国际游资更是把国际期货市场作为重要的投资、投机场所。

延伸阅读：芝加哥期货交易所

芝加哥期货交易所是当今世界上规模最大、最具代表性的农产品期货交易所。19 世纪初期，芝加哥是美国最知名的谷物交易集散地，随着谷物交易的不断集中和远期交易的出现和发展，1848 年，由 82 家谷物交易商发起组建了芝加哥期货交易所。该交易所成立后，对交易规则不断加以完善，于 1865 年用标准的期货合约取代了远期合同，并实行了保证金制度。

芝加哥期货交易所除了提供玉米、小麦、大豆等农产品期货交易外，还为美国中长期政府债券、股票指数、市政债券指数、黄金和白银等提供期货市场，还提供农产品、金融和金属等期权交易。

芝加哥期货交易所的玉米、小麦、大豆等农产品期货价格，不仅成为美国农产品生产、加工的重要参考价格，而且成为全球农产品贸易的权威价格。

2006 年 10 月 17 日，芝加哥期货交易所（CBOT）与芝加哥商品交易所（CME）宣布合并，从而成为全球最大的衍生品交易集团，资产规模达到 250 亿美元，交易品种涉及利率、外汇、农产品和工业品、能源以及天气指数等衍生品。2010 年，该集团涉及期货与期权交易 31 亿笔，交易总值达到 1000 万亿美元。

中国企业也在利用国际期货市场来进行关联商品的套期保值、风险规避，但在它们参与游戏之前，别人已经确定了游戏的规则。中国虽然是世界上小麦、玉米、大豆等粮食产品的最大生产国、消费国和重要的进出口国，但想在国际期货市场上发出自己的声音，伸展自己的权利时，却发现一切都是那么的无力和无助。"中国需求"经常被炒作和狩猎。常常出现的状况是，中国买什么什么价格就涨得厉害，中国卖什么什么价格就跌得最凶。

所谓成熟的期货市场，其实就是个消息市。谁掌握了"权威消息"的发布权，谁就可能掌握期货价格的决定权。

这就是所谓的市场逻辑，冷峻而残酷。

在所有的"消息发布者"中，美国农业部占有最高端、最独特的位置。

一直以来，美国农业部（USDA）报告被市场看作权威指引，其对农产品价格的指导作用几乎没有人怀疑过。许多行业分析师们在分析、操作时都以它们的报告为准。在农产品期货市场中，也只有美国农业部发布的定期报告能成为投资的风向标，不关注这样的报告，投资者也就没有了投资指引。这在全球农产品期货界几乎是无人不知的事实。美国农业部的农产品数据报告做得很细，包括每周／月制作、发布大豆、玉米、小麦、棉花等农产品的出口销售报告，每周／月上述农产品供需情况报告，还定期出台展望报告，对未来一定时期的美国农产品播种等情况进行预测。同时，美国农业部还对除美国外的国家进行农业生产等方面的预测并出台相应报告。由于报告数据并非完全由美国农业部自己制作，而是邀请外来人士独立、封闭、集中完成的，这也增添了报告的所谓"权威性"。但就是这样貌似客观、中立的权威报告，却成了美国人"调控"农产品期货价格的锐器。在农产品行业，美国农业部通过它的报告，获取了几乎每个环节的绝对话语权和决定权，毫无疑问，它也间接获取了定价权。

叶黎玲在2009年9月23日的《期货日报》上详细揭露了美国农业部为什么要用数据"调控"全球农产品市场以及是如何"调控"的。

在分析美国农业部的职能任务后，叶黎玲首先剖析了它的"调控"动因。叶分析称，在美国，农业部是直接负责农产品出口促销的政府机构。它下属有各类国家股份公司，如农产品信贷公司、联邦机构和其他机构，集农业生产、农业生态、生活管理，以及农产品的国内外贸易于一身，对农业产前、产中、产后实行一体化管理。其中，最直接与美国利益相关的就是负责农产品出口促销，也就是负责销售美国国内农产品。叶提出，如果确认了这一点，就可以毫无疑问地得出结论，美国农业部发布数据的初衷至少需要达到顺利以及高价销售国内农产品的目的。

叶从大豆这个品种来分析美国农业部是如何达到其目的的。叶分析称，美国大豆一般在4月底种植，9月份开始收割上市，新年度大豆可能在8

月份上市前就开始签订出口销售合同，而销售价格往往是通过 CBOT 期货市场来确定，所以美国农业部 8 月份公布的供需数据就异常关键。总结历年情况后叶发现，美国农业部 8 月数据往往是利多期货价格的。由于 8 月份是大豆生长的关键期——灌浆期，这时候天气对大豆的生长异常关键，可以炒作的题材很多，比如亚洲锈病孢子、美国干旱、后期霜冻等。所以美国农业部在 8 月份调低单产和产量的做法是冠冕堂皇的。美国农业部依靠调低对新年度期末结转库存的预测，间接拉动价格，为美国大豆高价出口打下伏笔。

对价格有决定性影响的是期末结转库存数据，叶研究后发现，在最近 7 年中，除了 2004 年，其他 6 年期末库存预测数据 8 月份预测都较 7 月份减少。其中 2002 年减少幅度最大，从 627 万吨减少到 421 万吨。而期末库存的减少主要就是通过变动产量来达到。分析最近 8 个年度美国农业部 8 月报告对产量的调节后发现，除了 2007/2008 年没有变动和 2003/2004 年缺乏数据以外，其他 6 个年度 8 月份都调低了预测，而在 9、10 月份往往再进行上调。比如在 2002 年，产量预测减少幅度达到 8%，从 7784 万吨减少到 7153 万吨。另外，产量变动，在 8 月份一般主要针对单产变动，对面积的变动相对较少，比如在 2008/2009 年度单产小幅下降 0.9%，在 2006/2007 年，单产从 40.7 蒲式耳 / 英亩减少到 39.6 蒲式耳 / 英亩，减少幅度达到 2.7%。叶指出，在美国农业部如此调整预测数据后，期货市场确实应"声"变化，CBOT 大豆市场往往在 8 月份不是迎来反弹就是延续上涨。比如在 2008 年，CBOT 大豆期货在 7 月份迎来了历史性的高点后下跌，而美国农业部 8 月 12 日公布的月度报告则使行情止跌反弹，8 月报告配合后期天气的炒作使 CBOT 大豆 11 月合约价格从 1116 美分上涨到 1374 美分，反弹幅度达到 17%。叶黎玲由此指陈，美国农业部在玩弄数字预测和其后的修正戏码，其真实的目的就是为美国的大豆卖一个好价钱！

美国人喜欢用数据说话。现在的数据表明：美国人的数据是跟着它的利益走的！中粮费忠海的指责是有道理的。

　　还记得中国的"大豆危机"吗？当年美国人就是用其农业部调低了大豆预测产量的数据，引导中国豆企在 CBOT 期货市场上大量吃进美国高价大豆后，再通过数据的修正，使中国豆企成本高昂、纷纷破产，从而被美国跨国粮企全面收购，使得中国大豆产业全面沦丧的！

　　这就是美国政府与跨国粮企、金融寡头合谋主导下的国际粮食市场。寻求从这个市场上调剂粮食无异于自我上套。

　　国人当警惕，国企当自强。

第二节 不容乐观的粮食自给前景

一、如何认识中国当前的粮食自给率

中国的粮食自给率从来都是说不太清楚的概念。

国家统计局的统计表明，2010 年中国又是一个丰收年，全年粮食产量达到 5.46 亿吨，增产 2.9%，连续 5 年保持在 5 亿吨以上的产量。与此同时，2010 年中国小麦和玉米的进口量分别为 120 万吨和 157 万吨，大米进口只有 36.6 万吨。总计进口粮食大概 310 万吨。如果只看这样的数据，我们完全可以认定，中国粮食自给率依然很高，超过 99%。

如果这样认为，那就错了。因为中国的统计又"欺骗"了你。

延伸阅读：中国种植业发展"十二五"规划关于农产品自给率的目标

农业部发布《全国种植业发展第十二个五年规划》，提出在"十二五"期间，要确保粮食自给率 95% 以上，粮食播种面积稳定在 16 亿亩以上，粮食综合生产能力稳定在 5.4 亿吨以上。其中，水稻、小麦、玉米三大粮食作物自给率达到 100%。同时，力争食用植物油自给率稳定在 40%。油料播种面积稳定在 2.1 亿亩以上，产量达到 3500 万吨。油菜面积稳定在 1 亿亩以上，花生面积达到 7000 万亩，含油率提高 1 个百分点。与此同时，力争棉糖基本满足国内消费需求。棉花面积稳定在 8000 万亩左右，总产量达到 700 万吨以上，基本满足国内消费需求。糖料面积稳定在 2900 万亩，总产量达到 1.4 亿吨以上，保障国内食糖消费基本自给。力争蔬菜稳定供应。蔬菜面积稳定在 2.8 亿亩，总产量稳定在 6.5 亿吨左右，努力

做到不脱销、不断档。

按照中国的统计，粮食只包括玉米、水稻、小麦等作物，却不包括大豆。中国在 2010 年进口大豆 5480 万吨，这是一个什么样的概念？单纯论数量，仅这一项占到粮食产量的 10%；如果考虑到大豆的单产，只有粮食作物的 1/3（据统计，2008 年中国大豆和粮食作物每公顷产量分别为 1703 公斤和 4951 公斤）。如果按种植面积计，将大豆换算成粮食，中国需要进口 30% 的粮食。如果再考虑棉花的因素，中国在 2010 年进口了 260 万吨的棉花，考虑到棉花单产只有粮食的 1/4，差不多进口了相当于 1000 万吨粮食。

按这样的算法，2010 年中国粮食自给率只有 70%。

以种植面积计算自给水平的方法，应该是一个可资参考的视角。庄稼是要用地来种的，要吃多少东西，就要有多少地种出来；自己的地不够种，才会用别人的地来种自己吃的粮（进口粮食），这是一个简单的道理，谁都明白。著名农产品贸易专家程国强曾经计算过，2010 年中国进口植物油（棕榈油）与进口油籽、大豆折油计算共 2035 万吨，如果这部分全都在国内生产，需要约 9.6 亿亩的油料种植面积，相当于要挤占全国所有的水稻与玉米种植面积，也意味着必须以减少全国 68% 的粮食总产量为代价。在中国工业化、城市化大步跃进的背景下，可耕地逐渐减少，这是不可挽回的现实。在这个视角下来看中国粮食自给水平，70% 的自给率应当还是保守的数字。

即使是按照"传统"算法，即单纯看进口数量与消费总量之比（进口依赖率），也明确可知，中国粮食自给率已不到 90%。2012 年 3～4 月，中央农村工作领导小组副组长、办公室主任陈锡文表示，2011 年全国进口的粮食超过了 1200 亿斤，核算下来，事实上我国现在的粮食自给率总体水平不足 90%。陈锡文明确表示，我国粮食安全问题不容乐观。

另一个可供参考的视角是，以消费者的需求弹性计，以大米、小麦、玉米等口粮为先，以玉米、豆粕等饲料粮为次，以大豆油、棕榈油等油脂为再次，我国粮食自给警戒水平正逐步降低。油脂已然失陷（80% 依赖进口），饲料粮正处在危险之中，口粮特别是小麦和大米还算安全。

但一切都在变化中。国家统计局日前公布数据称，2012 年全国夏粮总产量比去年增长 2.8%，超过 1997 年的历史最好水平，实现了"九连丰"、"九连增"。

而在另一方面，海关数据显示，2012 年上半年中国进口的粮食中，大豆进口 2905 万吨，同比增长 22.5%；玉米进口 240.54 万吨，同比增长 6535.2%；小麦进口 219.35 万吨，同比增长 294.9%；大麦进口 150.94 万吨，同比增长 62.3%；稻谷和大米进口 118.67 万吨，同比增长 226.9%。

尽管 2012 年全国夏粮总产达到创纪录的 12995 万吨，但上半年我国粮食进口 4085 万吨的总量仍显得偏高，即便跟去年全国粮食总产量 57121 万吨相比，上半年进口量也相当于占到 7.2%。即使下半年我国停止进口小麦、玉米和水稻，但由于大豆对外依存度高达 80%，硬性的进口任务决定了下半年至少还需进口 2000 万吨以上才能弥补缺口。这样一来，2012 年粮食进口占总产量比例超 10% 之势已比较明朗。

中国粮食产量在连年增长的情况下，为何出现越来越依赖国际市场的局面，这让人费解。著名"三农"问题专家李昌平对此十分忧虑，他就此呼吁："上半年粮食大量进口非常值得警惕，我国需要鼓励自己的农业生产，避免重蹈大豆的覆辙。"

期待中国种植业"十二五"规划各项指标的完成！

二、"中国需求"：跨国粮企的盛宴

布朗的"谁来养活中国人？"的确危言耸听，但未尝不可将之喻为逆耳忠言、苦口良药。

担心中国粮食危机的其实从来都没少过。据日本共同社报道，2008

年 10 月召开的日本"描画食品未来研讨会"上，东京大学农学系主任生源寺真一在谈到中国等人口大国的经济增长时，即称"日本一直都是想买多少全球粮食就买多少。如果人口是日本 10 倍的中国也这么做，总有一天地球会停下脚步"。

冷静想一想，不能说日本人的担心没有道理。中国的粮食进口放开一个小口子，国际市场就会被捅出一个大窟窿，这并不是一句玩笑话。

简单算一算。按 2011 年全年粮食总产 5.7 亿吨计算，中国进口粮食 6100 万吨，进口总量已经超过生产总量的 12% 以上，如果进口粮食占比达到 20%，如果这个 20% 的进口量中有 10% 是大米，即全年中国进口大米 1140 万吨，那对国际大米市场意味着什么？这意味着中国大米进口量占到全球大米贸易量（最高年份是 1600 万吨）的 2/3 以上。此一规模将如何影响国际市场供求乃至价格，难以想象。

国际粮食市场是容不下这样的"中国需求"的。

更需要警醒的是，国际粮食贸易市场上，同样是跨国粮企的天下。当中国尝试在国际粮食市场上满足自己的需求时，才知道"中国需求"在实现时之难、之险、之不可能。

还是以大豆为例。

四大跨国粮企不但能够控制进口大豆的定价机制、质量认证标准以及签订保护卖方利益的条款，还能通过参股下游生产企业，让中国买家不得不高价购买其原材料。精密的布局让四大跨国粮企拥有了针对中国的诸多不平等锐器。《三农直通车》对此做了"一线报道"。

首先看跨国粮企在掌握大豆的质量认证标准上是如何大赚中国之钱的。

谁都无法相信，美国人运到中国码头的大豆杂质率每每都精准到合同规定的 2%！何勇是国内一家粮食央企的高层，他考察过大豆最主要的产地巴西和美国。在这两个国家的田间，他看到类似的场景：大豆收割全部采用收割机机械化操作，"从田间收割的大豆，杂质率不足 0.5%。"但是，美国产的大豆运到中国后，杂质率已经精准地达到 2%，"恰恰，我们合同上签署的杂质率就是 2%。"何勇表示，同样情况下，巴西大豆运往中国，杂质就比美国大豆少得多。何勇观察，美国大豆的杂质"主要是玉米、粉尘、秸秆等等，我们统称为码头经营性杂质"。

类似情形也发生在另外一家央企身上，"我们考察的时候了解到，国际粮商在收购的时候，与豆农签订的合同是，杂质率不到 1%，而与我们签订的合同是，杂质率 3%"。

想改变有关杂质率的合同条款并不容易。目前中国有 60% 以上的压榨工厂，被国际四大粮企持股，"因为存在着持股关系，购买大豆的压榨工厂不会对股东提出这样的要求。"

再来看看它们是如何利用合同保护卖方利益的。

目前中国企业与四大传统国际粮企 ABCD 签订的是卖方协议，而卖方协议通常是保护卖方利益的。

不平等首先体现在定价依据上。因为这四大粮企都是美国企业，所以中美双方大豆交割价格依据美国芝加哥期货市场价格制定。中国企业认为这一定价方法并不合理。"经常会出现这种情况，美国大豆产量不好，芝加哥期货市场价格大涨，而此后，预计大豆的另外一个主要产区南美大豆将会获得丰收，价格应该下降，可是卖家还是要求以涨价后的芝加哥期货市场价格结算。"

每年秋季冬季，是南美大豆的播种季节，美国大豆的销售旺季，CBOT（芝加哥期货交易所）大豆价格此时连创新高，使得美国豆商获取了高额的市场利润；而当 4～5 月份南美新大豆上市之后，就会赶上 CBOT 大豆期价快速大幅下挫，这样，以 CBOT 大豆期价为基准价格的国际市场定价自然下降。

但是，当中方提出改变价格制定方式的时候，"卖方非常敏感，并且坚决反对"。目前世界大豆产量是 2.6 亿吨，美国产量 9000 万吨，南美产量为 1.6 亿吨，中国产量为 1000 万吨。据透露，中国买家曾经提出过自己的结算方式，"按照产量占比，美国芝加哥期货价格占50%，巴西价格占30%，大连期货交易所价格占30%。"在与ABCD讨论的时候，"受到了它们的抵制"。

谈不下去的原因仍然在于，中国的大豆压榨企业大部分掌握在这些跨国粮企手中。它们并不指望这些压榨企业创造利润，它们只靠向中国出售高价大豆就行了！

保护卖方利益还给中国购买者带来多方的不平等待遇。一是大豆品质以装港时的证书为准。曾经出现这样的情况，大豆在中国码头卸货时明明是"4号"大豆，可人家拿出来的出港证书却标明是品质更好的"2号"大豆。这让中方买家无话可说。二是船期延误由买家负责，一旦发生纠纷由卖家指定争议解决地，这样明显对中方买家不利。类似的"保护卖家"不平等条款还有很多。

不止如此，跨国粮企还联合起来炒作"中国需求"，狙击中国低价买豆。

一个很典型的例子是，2011年10月11日和11月初，国家物资储备局（简称"国储"）委托中储粮分别两次向国际大豆市场询价，两次询价都造成了芝加哥大豆期货价格的暴涨。在国储2011年10月11日向国际市场询价的当天，芝加哥商品交易所大豆期货暴涨。其中，交投最活跃的CBOT 11月大豆期货收盘攀升58美分，涨幅4.9%，报收于12.35美元/蒲式耳。由于国储委托中储粮进行采购，而中储粮在国际市场上很少露面，因此国际市场对此非常敏感。中储粮在询价后，市场立即做出了上涨的反应，国储不得已购买了价格上涨的大豆。作为决策机构的国家粮食局非常无奈。一位国家粮食局相关部门负责人表示，"我们也参与到国储进口大豆的政策制定中，采购大豆的时间是机密"。这并不是中国这一方的保密工作做得不好，"在国际上卖大豆的企业就那么几家外商，询价也只能向他们询价，很难不被别人知道"。因为中储粮大豆压榨业务较少，很少向市场询价，一旦询价，"市场就很快知道是中国国家储备在采购，不管采购量的大小，都会引起期货市场的上涨"。一位粮食央企高层向记者表示。

2011 年，中储粮已经申请了芝加哥期货交易所的交易席位，但却未能获得批准，其中缘由让人不免惶想。

基于国际粮食贸易的上述现实，我们无法想象，当中国国内粮食产业链无法控制，粮食自给能力逐渐丧失，而寻求国际市场调剂粮食时，由此带来的高粮价甚至有钱买不到粮的情形，对中国老百姓、对世界上其他发展中国家的人们又将是怎样一个打击；我们也无法想象，当中国向这个我们并不掌握定价权的国际市场寻求粮食时，跨国粮企们又会是怎样的欢欣鼓舞，迎来一个又一个大赚其钱的黄金年代。

不能让这样的情况变为现实！

三、应对高粮价时代的来临

但高粮价毕竟还是来临了，在美国人开始把玉米转变成燃料乙醇的时候就已经变成了事实。让我们来摘录一些权威机构对未来国际粮食市场走向的看法吧。

（一）经济合作和发展组织（OECD）与联合国粮农组织（FAO）的预测

《OECD/FAO 农产品市场展望 2011~2020》对未来国际农产品市场发展趋势做出如下预测：

一是农产品价格将继续走高。未来 10 年谷物产品的真实价格水平将比过去 10 年（2001 ～ 2010 年）提高 20%，其中玉米和大米的真实价格涨幅分别为 20% 和 15%；肉类产品的真实价格水平将提高 30%。二是库存对保持市场稳定至关重要。预计未来 10 年，美国、加拿大、澳大利亚、欧盟和阿根廷等主要出口方的粮食库存量将维持在 2010 年水平。三是生产成本增加，农产品产量增长放缓。未来 10 年农产品产量年均增长率将由过去 10 年的 2.6% 降至 1.7%，但生产成本将会增加。四是口粮消费下降，饲料粮消费增长。未来 10 年全球人均小麦消费量下降，而动物蛋白特别是家禽人均消费量会增加，到 2020 年饲料粮的消费量预计比期初新增 1.2 亿吨。五是贸易增长放缓但结构出现新变化。未来 10 年全球商品贸易量年均增长率预计不超过 2%，只有过去 10 年的一半。在贸易结构上，发达国家在某些农产品出口市场上仍占据主导地位，但其市场份额将逐渐让渡给发展中国家。俄罗斯、乌克兰以及哈萨克斯坦等东欧和中亚国家的谷物出口将快速增加，北非和中东地区的进口将增长。六是生物能源将进一步拉动农产品需求。到 2020 年全球乙醇产量预计会超过 1500 亿升，比 2008 ~ 2010 年（基期）产量增加 70%，同期生物柴油的产量将由基期的 180 亿升增至 420 亿升，增长 140%。受生物能源发展拉动，2020 年，谷物工业用量占谷物全部消费量的比重将提高到 9%，植物油的工业用量将提高到 15%，生产乙醇所耗用的甘蔗量将超过 30%。

（二）美国粮食和农业政策研究所（FAPRI）的预测

FAPRI 发布的《2011 年世界农产品市场形势展望》对主要农产品和生物燃料的市场形势预测如下：

小麦。2025 年，全球小麦净进口量将达到 1.4 亿吨，届时美国在全球小麦市场上的份额将下降到 15.4%，中国和印度将成为小麦净进口国，亚洲和非洲国家的小麦净进口量将分别增加 120 万吨、1350 万吨，美洲国家的小麦净出口量将达到 2840 万吨。全球谷物价格预计为 260 美元 / 吨。

玉米。2025 年，玉米库存消费比将下降到 13.7%，玉米价格将保持在 190 美元 / 吨，贸易量将达到 1.3 亿吨。美国将保持现有的市场主导地位，巴西和阿根廷的市场份额将下降，到 2016 年中国将成为净进口国，其净进口量到 2025 年将增至 640 万吨。

大豆。到 2020 年巴西有望超越美国成为最大的大豆出口国，到 2025 年美国大豆的出口市场份额将由目前的 46% 下降到 36%，中国的大豆消费量将占到世界大豆产量的 30%，进口量将占到全球大豆进口量的 70%。

豆油。2025 年，全球豆油需求将增加 1230 万吨，中国和印度的需求增长最为强劲。

食糖。2025 年，全球食糖产量和消费量预计比 2010 年增长 27.2% 和 28.2%。食糖价格高位会一直保持到 2020 年。巴西、澳大利亚、泰国等出口国的净出口量将分别增长 52%、9.5%、22.4%，俄罗斯和日本的食糖净进口量预期分别下降 14.4% 和 11.4%，欧盟、巴基斯坦以及印尼的食糖净进口量则会增加。

肉类。全球肉类人均消费量将由基期（2010/2011 年）的 9.4 公斤增至 2025 年的 62.7 公斤，其中猪肉的市场份额最大，禽肉次之。2025 年，全球肉类贸易量将增长 43.8%。牲畜和禽肉价格将保持高位上涨。

乳品。2025 年，全球牛奶产量预期增长 32.5%。欧盟和美国仍是最主要的牛奶生产国（地区），中国、印度、巴西和阿根廷的产量增长较快。澳大利亚、新西兰、欧盟和美国在全球脱脂干奶粉的市场份额将由现在的 90% 降至 78%，印度、巴西和乌克兰的出口会增加，东盟进口量将占全球进口量的 35.5%，中国和日本的进口量将占 11%。

生物燃料。2010 年美国由净进口国变为净出口国，但自 2011 年起美国重新变为净进口国，预计到 2025 年美国燃料乙醇产量将达 472 万吨，而净进口量将达 10 万吨；巴西的燃料乙醇产量和消费量将分别达到 539 万吨和 394 万吨；欧盟生物柴油的产量将增加到 126 万吨。

数字是冷冰冰的，但在数字的背后，我们能看懂许多不愿看到的未来情形。

未来的国际农产品市场将会呈现什么样的走势？

1. 供需将长期处于紧平衡。未来农产品供求状况既取决于人口增长、畜牧业发展等因素的自然增长，更取决于生物质能源发展对全球农产品需求变化所产生的重大影响。按目前各国制定的生物质能源发展目标，生产生物能源原料所占用的耕地量将超过全球耕地面积的 10%，这将严重影响到全球粮食供给的保障程度。尽管未来可供开发的耕地面积与现有耕地面积相当，同时随着科学技术进步、基础设施完善和农业机械化发展，多数地区农业生产力以及全球粮食供给能力仍有大幅提高的潜力，但日益受制于水资源数量的减少和质量的下降。基于以上因素，全球粮食供需将长期处于紧平衡。

2. 农产品价格将保持高位震荡。随着经济全球化的推进，生产要素的配置日益由市场机制决定，农业生产所需的土地、劳动力要素价格将逐步提高，生物质能源发展以及能源价格的上升也将带动化肥等农业生产资料价格的上涨，这些都将导致农业生产成本增加，FAO 等多家国际权威机构预测农产品价格将保持高位震荡。全球气候变化、金融资本投机、跨国公司控制农业产业链等非传统因素对农业影响不断加深，未来农产品市场面临的波动性和不确定性加剧。

3. 粮食进出口格局将发生变化。发展中国家农产品进出口增速均快于发达国家，发达国家在小麦、粗粮和乳制品贸易上仍会占据主导地位，受发达国家食品消费基本饱和、安全和环境标准日益严格等因素的限制，发展中国家难以扩大对发达国家的出口。在此背景下，南南贸易将会进一步增加。非洲将成为最大的小麦进口地区，预期小麦进口量将达到全球小麦进口量的 40% 左右，埃及、摩洛哥、阿尔及利亚等国将成为最主要的进口国。乌克兰、俄罗斯以及哈萨克斯坦等国的出口增加，北美出口趋于下降。玉米贸易格局变化不大，日本、墨西哥和埃及仍将是最大的进口国，美国在世界玉米出口中仍占主导地位，但份额逐步下降，阿根廷和乌克兰的份额会显著增加。大米贸易主要集中在亚洲地区，泰国和越南是最主要的出口国，而菲律宾、孟加拉国、印尼和尼日利亚等国则是主要进口国。

4. 发达国家对粮食市场的掌控力进一步增强。全球粮食供给偏紧将会造成发展中国家对粮食进口的依赖增加。研究发现，70 个低收入缺粮国家的谷物进口量已从 20 世纪 90 年代的 4000 多万吨增至 2007 年的 1.1 亿吨左右，其中撒哈拉以南非洲国家一半以上的谷物依赖进口。因粮价上涨，2008 年孟加拉国、伊拉克、马拉维、墨西哥、菲律宾和南非等国的转移支出（包括农业补贴）占其 GDP 的 2%～4.5%。国际货币基金组织研究发现粮价上涨使 43 个粮食净进口国的进口成本增加 72 亿美元。而生产力相对过剩的美欧等发达经济体会以粮食为武器,利用其在技术、资金、定价、期货以及投资等方面的优势,通过跨国公司巩固和加强其对全球粮食市场的掌控力。据联合国贸发会的报告显示,杜邦和孟山都两大跨国公司控制全球65%的玉米种子市场和44%的大豆种子市场;先正达、拜尔、孟山都等六大跨国公司控制世界75%～80%的农药市场;孟山都一家公司就控制了全球91%的转基因种子市场。这些跨国公司大多数都属于欧美等发达经济体。这种趋势大大加剧了世界农产品市场的垄断风险,对粮食进口大国的影响不容低估。

在上述的情形下,加强国际政策协调、加大对农业生产的支持保护显得越发重要。针对当前国际粮食市场出现的这些新变化、新情况和新趋势,联合国及其下属组织不断呼吁各国政府加大在生物质能源、粮食安全以及农产品市场宏观调控等方面的国际政策协调,许多国家也开始积极采取措施,加大对农业生产的支持保护力度,维护农产品市场乃至社会稳定。

作为世界上最大的发展中国家和第二大经济体,作为世界上最大的粮食生产国和消费国,作为一个负责任的社会主义大国,中国应该怎么办?

第三节　中国粮企"走出去"

一、中国粮企"走出去"，是时候了！

中国粮食安全必须坚持"立足国内生产，实现基本自给"的原则。中国人的饭碗必须端在自己手中！这是毋庸置疑的。

如果中国不能实现粮食的基本自给，社会繁荣和稳定就无从谈起，甚至连国家主权和领土完整都有可能无法保障。而且，根据目前我国的粮食消费水平和世界粮食贸易规模，中国粮食自给率每降低一个百分点，就相当于多消耗世界粮食贸易的两个百分点。如果中国更多地依靠粮食进口，将不可避免地加剧全球粮食"恐慌"，给所谓的"中国威胁论"提供借口。再者，如果大量进口粮食，海运的成本和风险也是必须要考虑的。因此，立足国内的原则不仅是国家安全、社会和谐的需要，在经济上也符合成本最小化原则。

但在立足国内供给的基础上，充分发挥国内外"两个市场"、"两种资源"的作用，大力实施农业"走出去"战略，通过农业合作实施优势互补，增加和补充中国的粮食供应，不仅是必须，而且是必然的选择。

事实上，中国农业企业包括粮食企业已经开始尝试着"走出去"了。

目前，中国在俄罗斯、东南亚、中亚和拉美等地区先后建设了粮食、大豆等生产基地，以及橡胶、油棕、剑麻等稀缺资源开发基地；还在菲律宾、柬埔寨、印度尼西亚、马来西亚等国建立了农业技术示范中心或基地；同主要国际农业和金融组织以及140多个国家和地区建立了农业科技交流和经济合作关系，并与50多个国家和地区建立了近60个双边农业或渔业合作工作组。

在农业"走出去"过程中，农垦企业表现得尤为突出。中国农垦集团先后在非洲投资兴建 7 个独资、合资和控股农业项目，主要分布在东南部非洲和西部非洲。拥有土地面积超过 1.42 万公顷, 总投资 2.9 亿元人民币。截至目前，中国农垦集团已连续为当地提供了大量粮食、肉蛋及牛奶等农产品，是中国驻非洲最大且效益最好的农场。20 世纪 60 年代初至 80 年代中期，广东农垦承担了中国对越南、柬埔寨、马里、多哥等亚非十多个国家的二十多项援外任务，先后派出上百批技术专家队伍赴受援国进行项目勘察、设计、建设和技术经营指导。尤其是在 80 年代中期至 90 年代中期，广东农垦依托技术优势和管理经验，独立租赁承包经营中国援外项目多哥阿尼耶制糖联合企业，取得良好的经济和社会效益，被国务院领导称为中国援外企业改革的成功典范。2004 年以来，广东农垦先后在越南、泰国、马来西亚等国进行乳品加工、橡胶生产等经营活动，取得了较好的效益。另外，黑龙江农垦、海南农垦集团也在农业"走出去"方面取得了佳绩。

但从总体上看，中国农业"走出去"的规模较小，产业层次还不高，在国际市场上的竞争力也较弱，海外农业开发的成功率还较低，农业"走出去"的进一步发展还面临很多制约因素。根据《2010 年中国对外直接投资统计公报》,2010 年中国对外农林牧渔业直接投资流量 5.3398 亿美元，占当年中国各业对外直接投资流量（688.1 亿美元）的 0.78%；截至 2010 年末，中国农林牧渔业对外直接投资存量 26.1208 亿美元，占当年中国各业对外直接投资存量总额（3172.1 亿美元）的 0.82%；2010 年，在 1.6 万多家境外企业中，农林牧渔业企业占 4.8%，在 1.3 万家境内投资者中占3.6%。中国农业对外直接投资以及年末对外直接投资存量在中国对外投资和中国年末对外直接投资存量中所占比重很小，大约在 1% 左右。目前，中国农业对外直接投资的主体是大型农业企业，中小农业企业数量较少，农业企业单项对外直接投资规模平均只有几十万美元左右，与发达国家约600 万美元的平均规模相距甚远。

从流量上看，2010 年中国农业对外直接投资的目标区域主要分布在俄罗斯、东盟、欧盟、美国，分别占当年各经济主体中各行业总流量的

31.8%、3.8%、0.2% 和 0.1%；从存量上看，也是这样一个顺序：俄罗斯、东盟、欧盟、美国，分别占当年各经济主体中各行业总存量的 26.8%、3.7%、1.7% 和 0.6%。这种目标区域分布也符合"走出去"由近及远的发展变动规律。

跬步虽小，其义乃大。中国粮企还有很长的路要走。

二、中国粮企保家卫国

1950 年，以美军为首的联合国军打到了中朝边境的鸭绿江边，朝鲜吃紧，中国的国家安全也遭到严重威胁。出兵援朝成了当时中国的必然选择。

今天，为了应对全球粮食紧缺、粮价高昂，帮助发展中国家兄弟渡过粮食危机，也为了确保中国自己的粮食安全，中国有必要派出"志愿军"——中国粮食企业，走出门口，保家卫国！

中国人民大学农业与农村发展学院副院长朱信凯说得好："中国是一个负责任的大国，应该实施中国特色的农业对外援助。"他还说，我们国家搞农业"走出去"应该有进一步的国际政治意义，到海外搞农业开发，援助亚非拉国家搞农业基础设施建设和粮食综合生产能力建设，可以帮助这些国家保障它们的粮食安全。

将中国粮企"走出去"，与中国对外农业援助和合作相结合，应该上升为国家的一个总体战略。这个总体战略的内容应该是，根据国际粮食合作对象地区不同情况，确定中国与这些地方不同的农业援助与合作的领域和项目，努力提高它们的粮食自给水平和出口能力，以此提高全球粮食可供贸易总量和对华粮食出口水平，保证合作对象地区粮食安全和中国粮食进口安全。

此论基于两大依据：

其一，当今国际粮食贸易格局决定，只有提高全球特别是发展中国家中的缺粮国家的粮食供给水平，才是中国向国际市场寻求粮食调剂之正道。中国之大，任何一种商品需求，都有可能给全球供给带来压力。而粮食，全球供给如此脆弱，粮价如此敏感，任何一个大一点的国际采购行为都有可能带来道德风险。中国是发展中国家，对同为发展中国家的亚非拉贫穷国家的命运感同身受，帮助解决而不是增加它们的困难是理所当然之事。而且，历史上和现实中，中国得到了发展中国家兄弟诸多的政治、外交支持，中国理应站在它们的立场上去考虑问题、解决问题，帮助它们把饭碗端在它们自己手中，比任何口头上的支持都来得实在，来得必要。还有，援助亚非拉国家提高粮食自给能力，帮助有潜力的东欧南美国家提升粮食出口水平，也是对抗以美欧为首的粮食出口大国以及 ABCD 四大国际粮企，以粮食为武器，讹诈和压榨缺粮国家的重要出路。只有控制在非跨国粮企手中的粮食多了，国际粮食供给才能得到真正的确保，国际粮价才不会被他人左右，世界粮食危机才能得到根本缓解。也只有在这种情况下，中国在国际粮食市场调剂粮食才不会成为敏感事件，也才能得到真正合乎"道德"的满足。

"走出去"，才能"保家卫家"，这是六十多年前人民志愿军用鲜血证明了的道理。今天的国际粮食安全领域，道理同样成立。

作为反证的情况是，现在中国在境外的农业投资处于镁光灯下。在巴西，由于有中国企业在当地的土地收购、租赁"动作稍大"，有的巴西官员就已经将中巴"战略伙伴关系"解释为"新殖民主义关系"；在澳大利亚，政府方面表示将严格审查外资对该国农村土地和农业食品生产的所有权。有分析人士称，澳大利亚此举主要是针对来自中国、中东等国一些具有政府背景或者国家所有的企业收购该国的农业项目。而据报道，2012 年 5 月，联合国粮农组织罗马会议上，讨论了一份名为《土地权属负责任治理自愿准则》的文件（以下简称《准则》）。该《准则》的核心内容在于提出各国应为土地使用权"提供保护措施"——"为可允许的土地交易规模设定上限，并在土地流转超过一定规模时，就此类流转应该如何得到批准进行调控，例如通过议会的批准"。据分析，该政策虽然并不只是针对中国，但也反映了中国农业"走出去"越来越引人注目，尤其是在涉及土地交易的方面将面临更为复杂的局面。

中国如何在农企"走出去"过程中，充分展现自己的善意，受到投资对象国的欢迎而不是责难，需要我们解放思想，创新战略与思路、办法，将对外农业援助和合作与农企"走出去"相结合，真心实意地帮人家办点事情。

其二，中国对外农业援助和合作与农企"走出去"相结合的时机已经成熟。原因一是经过三十多年的改革开放，中国经济实力显著增强，对外援助和合作力度逐渐加大，在对亚非拉经济援助和合作上异军突起，已成为国际大家庭中相互支持与帮助的重要力量。随着中非经济合作的深入发展，中国对非援助项目和投资项目正在从传统产业向新兴产业转型，以初级产品和加工贸易品为主的贸易格局正在被更加多样化的经济合作模式所取代。随着中非经济合作区的建立，中国对非投资开始从低端投资向高端投资领域发展，投资规模和技术含量都有了很大提升。经济合作的广度和深度得到拓展的同时，双边经济关系的复杂性也随之提升。二是中国在对外农业援助和合作上已有一些成功的经验与做法。从 20 世纪 50 年代至今，中国政府一共帮助 62 个国家建成了农场、农业示范中心、农业技术试验站和推广站等农业项目 212 个，派遣了五千多名农业专家和技术人员，在华培训受援国的农业部门的官员和技术人员达到两万多名。中国农业企业已经成为承担对外农业援助和合作的重要载体。三是国家已在支持中国农企"走出去"上迈出坚实步伐。从 2004 年开始，商务部、外交部联合对外发布《对外投资国别产业导向目录》，2011 年商务部、国家发改委、外交部又联合发布了《对外投资国别产业指引（2011）》，这些都为中国农业实施"走出去"战略确定了鼓励的方向和重点。同时，中国有大量驻外机构、境外企业、银行分支机构，它们已经熟悉所在国的法律和商业规则，若通过它们加强对重点国家和地区的政治经济形势、民族宗教等相关信息的收集、整理和评估，能为国内企业提供及时、准确、专业、权威的信息。

基于上述分析，我们有理由相信，中国将成为确保国际粮食安全的重要力量，而在此过程中，中国自己粮食安全的外部环境将大大改善，国际粮食进口保障能力将大大提升，中国粮企也将因此力量增强，并开始打破以 ABCD 为首的跨国粮企对全球粮食生产与贸易的垄断。

三、中国粮食安全领域"走出去"的应行之策

中国粮食安全领域的"走出去"时机已经成熟，但面临的困难和问题还有很多，主要是国家战略不清、支持政策不明、配套办法不够、农企力量不强、人才储备不足等方面。

首先，在对外农业援助和合作与农企"走出去"相结合问题上，国家尚未形成一个整体认识和战略。战略设计、政策协调、行动执行各个层面间相互脱节，部门之间认识不一致、政策不统一、措施不配套，使国家对外援助和合作与农企"走出去"难以结合，难以发挥整体效能，产生合力效应。此种情况的发生，其实只是中国对外援助和合作与农企"走出去"情况的一个缩影，亟须由国务院牵头，协调外交、商务、农业、外汇、银行、保险等各部门、各方面力量，进行通盘研究、整体规划，配套解决所存在的问题。特别是要提高对此一"走出去"战略重要性的认识，既要把它当作中国展现"负责任大国"形象的难得机会，又要当作推动中国农企"走出去"和成长的可靠抓手，还要将之视为确保中国粮食国际进口安全的战略举措，使中国农企在"走出去"的过程中，以参与、支持国家对外援助和合作为切入口，少走弯路，迅速成长壮大起来。

在这方面，应该好好研究和学习日本的经验。日本虽然粮食自给率只有 40%，但它通过政府、协力机构与大型商社的通力合作，在海外建立了众多的农业开发基地，保证日本国内所需粮食源源不断地进口。日本商社在巴西等国"落地生根"，注意与当地政府与民众的合作，开创了农企"走

出去"的多赢模式，值得中国好好借鉴。

其次，中国农企在"走出去"的过程中，动力不足，目标不明，实力不强，办法不多，人才不够。包括像中粮这样较有实力的央企，目前的主要精力还是放在国内，在产业布局、产业链打造、资本运作等方面动作频频，与跨国粮企斗得不可开交。在这种情况下，它们不敢、不愿分心"走出去"，生怕自己前院未得，后院也不保。据了解，中粮集团在过去的两三年中，光是其大米部门就由几十号人的小部门，发展成为几千人的大部门，2012年这一年之内在国内大米产区同时开建十几个20万吨加工能力的米厂，发展速度惊人。但在国际农业和粮食投资界，人们却很少能看到中粮的身影。中粮尚且如此，何况其他企业？在目前已经"走出去"的中国农企中，实力不强，没有核心竞争力，缺少抗风险能力，海外投资与经营经验严重不足，跨国经营管理人才匮乏的情况非常普遍。它们不仅难以与四大跨国粮企相抗衡，自身生存都经常发生问题。一旦投资对象国政策有变，或自身资金周转不灵，马上就面临破产关门的境地。中国农企要真正大步"走出去"，需要国家多方面的扶持，包括资金、通道、技术、人员培训、风险指导、官方协调等的支持与配合。将农企"走出去"与国家对外农业援助和合作结合在一起，应该是一条可行的解决之道。

目前，中国农业企业还处于国际化的初级阶段，大部分企业经营实力比较弱，主要还是以贸易式模式"走出去"。今后要根据中国对外农业援助和合作领域的扩大、项目的增多，努力完善各类"走出去"的模式。首先，随着参与国际经济交往程度的加深，中国农企遭遇到进口国贸易壁垒和反倾销等问题将会越来越多、越来越复杂。在这种情况下，要鼓励企业逐步完善贸易式"走出去"模式，使企业更好地进入国际市场。其次，要鼓励采用投资方式"走出去"。特别要积极鼓励那些在竞争中成长起来的，具有专有技术和技能的农业企业开展跨国经营，并相应地在信贷、税收和外汇上给予优惠。最后，要倡导"走出去"模式多样化。中国农业企业对外发展初期的业务方式是以农产品出口、对外劳务输出、建立营销渠道等为主，目前发展为对外直接投资模式（新建、并购、海外种植等）、境外农业资源开发、农业对外承包工程、农业对外劳务合作、设立境外研发中心、建立国际营销网络、提供境外咨询服务等多种形式并举，相互促进。在今后的发展过程中，企业要随着跨国经营经验的增加，适时地选择资源承诺更多、市场渗透更深、控制更强的跨越式"走出去"模式，形成一批有实力的农业跨国企业和著名品牌。

在中国农企"走出去"的地区选择上，国家要根据外交战略的需要及对外农业援助和合作发展领域和区域扩展的不同情况，因地制宜，综合考虑目的地的农业资源状况、农业生产技术水平、经济水平和发展速度，粮食消费变化、生产状况和贸易状况，有针对性地投入援助和合作资源，引导企业"走出去"。

一是针对撒哈拉以南的非洲地区。该地区自然条件优越，经济发展落后，基础设施较差，农业生产技术原始落后，农民商品意识差。粮食消费在人口增长拉动下增加迅速，粮食生产发展缓慢，粮食进口也因购买力差而发展缓慢，是全球粮食问题最严重的地区。该地区应该成为我农业援助的重点地区。国家在安排援助领域与项目和引导中国农企承接项目、进行投资时，应重点发展交通和灌溉等基础设施，推广廉价有效的农业技术，提高农民的商品意识。中国还可帮助对象国政府建立粮食储备制度，以应对突发性的粮食短缺。所获粮食应当就地消化。

二是针对东南亚、南亚地区。这两个地区的各个国家情况复杂多样，一般自然条件相对于中国优越，经济发展速度居全球中下水平，具有较发达的传统农业生产技术，农民商品意识较高，崇尚自给自足的小农经济，粮食消费居世界中下，且在缓慢提高，依靠传统农业生产技术使其粮食生产居全球中等水平，粮食基本自给，自给率缓慢提高。国家在安排援助领域与项目和引导中国农企承接项目、进行投资时，主要要考虑帮助这些国家改造传统农业，发展灌溉、多熟制和等高耕作。中国可鼓励进口该地区所产棕油、天然橡胶、蔗糖以及胡椒等热带作物，并在东盟与中日韩

（"10+3"）等框架内建立粮食安全信息网和大米储备库等机制，以应对该地区突发性的粮食危机。

三是针对北部非洲。该地区自然条件较差，主要表现为普遍缺水，靠石油经济拉动经济发展，大部分地区以畜牧业为主，农民商品意识较高。经济和人口的发展拉动了消费的快速增加。粮食单产水平居中，但人均产量较低，粮食主要依赖进口，粮食自给率全球最低。国家在安排援助领域与项目和引导中国农企承接项目、进行投资时，应该帮助它们发展节水农业，充分开发利用水资源。中国可以尝试与这些国家进行"粮食换石油"等的战略合作。

四是针对大洋洲国家。该地区人均农业自然资源丰富，主要国家经济发达，现代农业发达，人文条件优越。粮食人均消费量居全球中下，但增加迅速，受气候影响粮食生产波动剧烈，单产呈下降趋势，粮食自给率一直居全球最高，但受生产波动影响在迅速下降。国家在安排援助领域与项目和引导中国农企承接项目、进行投资时，应当在为该地区国家发展有效的灌溉设施，增强农业抗御自然灾害的能力，稳定粮食生产的同时，争取更多投资机会，为中国增加肉类及奶类养殖业份额，满足国内消费结构升级后的高端需求。

五是针对原苏联地区国家。俄罗斯和东欧国家农业自然资源特别是土地资源丰富，通过经济转型，经济发展由降转升，现代农业发达，人文条件优越。人均粮食消费居中，近年在逐步回升，粮食生产水平居中下，也在逐步回升，粮食贸易表现出色，粮食净出口增加迅速，自给率迅速提高，实现了从粮食净进口向净出口的跨越式转变。国家在安排援助领域与项目和引导中国农企承接项目、进行投资时，主要应为因地制宜帮助对象国，通过发展渠灌、井灌和滴灌，充分利用地表水和地下水资源，采用等高耕作技术提高坡耕地的利用效率，推广地膜覆盖以增强农作物的抗旱抗寒能力，帮助这些国家稳定并扩大粮食生产、出口能力。中国应将这些国家视为潜在的粮食进口来源，寻求与它们签订粮食出口长期协议，确保小麦、玉米等粮食品种一定数量的进口额度。

六是针对中南美洲国家。中南美洲农业自然资源最丰富，经济发展水平和速度均居全球中上，多数国家教育水平较高，农民商品意识强，还发展了大型现代化农场。粮食消费居全球中上，粮食单产居全球中下，粮食贸易发展较快，粮食净出口增加迅速，自给率大大提高，实现了从粮食基本平衡向净出口的跨越式转变。国家在安排援助领域与项目和引导中国农企承接项目、进行投资时，应因地制宜帮助对象国发展灌溉，采用等高耕作技术提高坡耕地的利用效率，采用多熟农作制提高对热量条件的利用率。中国还应与这些国家签订国家层面的农业投资保护协定，为中国农企的进入创造稳定、公平的投资环境，提高中国在该地区大豆等油料作物的生产、出口份额，降低中国对跨国粮企大豆的依赖，夺回大豆定价权，保障油料使用安全。

上述战略若加实施，则国际粮食市场无忧，中国粮食国际调剂无虞，中国农企海外大发展有望！

主要参考文献

[1] 孔祥智主编.崛起与超越——中国农村改革的过程及机理分析.北京:中国人民大学出版社,2008.

[2] 张平主编,国家发展改革委员会编."十二五"规划战略研究.北京:人民出版社,2010.

[3] 尹成杰.粮安天下——全球粮食危机与中国粮食安全.北京:中国经济出版社,2009.

[4] 国家粮食局课题组.粮食支持政策与促进国家粮食安全研究.北京:经济管理出版社,2009.

[5] 洪涛等.中国粮食安全保障体系及预警.北京:经济管理出版社,2010.

[6][南非]拉吉·帕特尔.粮食战争——市场、权力和世界食物体系的隐形战争.北京:东方出版社,2008.

[7] 游宏炳主编.温饱之后的中国粮食安全研究.北京:中国言实出版社,2009.

[8][美]威廉·恩道尔.粮食危机.北京:知识产权出版社,2008.

[9] 鲁靖.粮食经济中的和谐——中国粮食市场与政府宏观政策的耦合.南京:东南大学出版社,2006.

[10] 薛达元主编.转基因生物风险评估与安全管理.北京:中国环境科学出版社,2009.

[11] 海南亚太观察研究院."价值链转型与中国粮食安全"研讨会论文集.2011.

[12] 海南亚太观察研究院."美国新农业法案及其对中国影响"研讨

会论文集 .2012.

[13] 朱文轶、李鸿谷等 . 中国粮食安全的现实与未来 . 三联生活周刊，2008，4（14）.

[14] 王立彬 . 中国"入世"十年成功应对全球粮价"十年过山车". 新华网，2011，（11）.

后 记

接触粮食问题是在我所在的海南亚太观察研究院，与中国人民大学农业与农村发展学院（下称人大农发学院）确定合作举办"农业与粮食安全"系列研讨会后才开始的。对我来说，人大农发学院党委书记孔祥智教授亦师亦友，相交20多年，把这个小范围、高层次、深交流的系列研讨会交给我们来承办，算是对我的高度信任和扶持。此后，"价值链转型与中国粮食安全"研讨会（2011年5月）、"美国新农业法案及其对中国影响"研讨会（2012年3月）在海口我院顺利举办。现在，我们又在筹划新的会议——"中国农企走出去"研讨会，相信一定也会取得成功。

对于跨国粮企在中国的所作所为，我在长期的工作过程中深深意识到其严重性。记得第一次研讨会举办时，国务院发展研究中心办公厅副主任程国强老师和国家粮油信息中心曹智处长对"玉米将成为下一个大豆"的忧虑更加深了我的思考。在会上，大家深入研讨了当时玉米的严峻形势，使我更加明白跨国粮企对中国粮食领域介入之深、影响之大。因此，跨国粮企的动向时刻牵动我的心。

2012年初，中国现代国际关系研究院研究员、我的老朋友马燕冰老师打电话约我写一本关于粮食安全的书，作为"国家安全知识简明读本"之一，我答应下来。主要一是希望把自己在粮食安全方面的心得归纳研究，与大家共同探讨。二是认为目前关于粮食安全的书虽然不少，但系统归纳跨国粮企所作所为的却没有看见，我想借此机会做一些梳理，也许还能有所作为。

在此，借机再次对为我写序的孔祥智教授，策划该书的马燕冰研究员、刘毅编辑表示深深的感谢。此外，还要感谢《海南日报》记者、我的校友黄媛艳同志，她对我关于种子安全这一章的写作起了重要作用。我的两位同事陈淼、江俊豪为第四章收集、整理了许多资料，在此一并表示感谢！

海南亚太观察研究院孙杨院长始终不渝地支持我们"农业与粮食安全"系列研讨会，并对本书的编撰提出很多宝贵意见，在此一并致谢！

本书是一本普及性的读物，引用了大量学者的研究成果及报章内容，绝大部分已在书中指明了出处。如还有不当之处，敬请诸位方家原谅，顺致谢忱。

钟文峰

2012 年 9 月 12 日于海口